교회를 섬기는

행복한
장로

## 교회를 섬기는 행복한 장로

**저자** 김병태

**초판 1쇄 발행** 2011. 3. 9.
**개정판 1쇄 발행** 2020. 8. 19.
**개정판 7쇄 발행** 2024. 10 15.

**발행처** 도서출판 브니엘
**발행인** 권혁선

**책임교정** 조은경
**책임영업** 기태훈
**책임편집** 브니엘 디자인실

**등록번호** 서울 제2006-50호
**등록일자** 2006. 9. 11.

서울특별시 송파구 백제고분로28길 25 B101호 (05590)
**마케팅부** 02)421-3436
**편 집 부** 02)421-3487
**팩시밀리** 02)421-3438

**ISBN** 979-11-90308-27-4 03230

**독자의견** 02)421-3487
**이메일** editorkhs@empal.com

**북카페 주소** cafe.naver.com/penielpub.cafe
**인스타그램** @peniel_books

도서출판 브니엘은 독자들의 원고를 설레는 마음으로 기다리고 있습니다.
위의 이메일로 간단한 기획 내용 및 원고, 연락처 등을 보내주십시오.

도서출판 브니엘은 갓구운 빵처럼 항상 신선한 책만을 고집합니다.

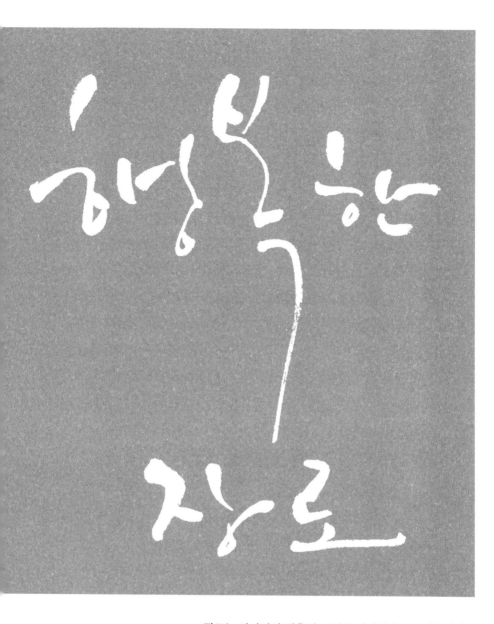

장로는 하나님이 세우신 교회의 리더이자 피스메이커다

# 교회를 섬기는 **행복한 장로**

Happy elder to serve the church

김병태 | 지음

브니엘

우리 교회에는 고등학교 교장이신 장로님이 계신다. 그분은 언제나 웃으신다. 심각한 것이 별로 없으시다. 교회 안에서도 이런저런 말씀이 없으시다. 사회적인 신분으로 볼 때 거들먹거릴 수도 있지만 한번도 목사나 교인들에게 소리를 높이거나 얼굴을 붉히는 것을 본 적이 없다. 목회를 하는데 "아니오"라고 거부권을 행사하신 적도 거의 없다. 바쁘게 업무를 보실 텐데도 수요예배와 금요합심기도회까지 꼬박꼬박 참석하신다. 명절이면 교역자와 교회 직원들에게 사랑의 선물을 잊지 않으신다. 그래서 목사를 신나게 만든다. 더구나 많은 교인의 귀감이 되고 있다.

그러나 현실적으로 이런 장로님이 그렇게 많은 것은 아니다. 장로 직분을 받은 자로 인해 목회가 힘들고 교회가 어지러워지는 경우가 너무나 많다. 어느 교회에서 나누는 대화를 들어보라.

"이번에는 장로 땄지?"

"이번에도 못 땄어. 장로 따기 정말 힘드네."

"그러게 내가 진작 돈 좀 쓰라고 그랬잖아. 먹이는 게 있어야지."

어처구니없는 일이 아닐 수 없다. 장로를 벼슬 따는 것으로 착각하는 사람들이 있다. 장로는 따는 것이 아니라 주어지는 것이다. 하나님이 주시는 것이며, 교회가 세워주는 것이고, 교인들에 의해 세움을 받는 것이다. 장로직을 벼슬로 생각하고 권세를 휘두르려고 하니 존경의 대상이 아닌 변죽과 비난의 대상으로 전락하고 만다.

어느 교회 고시부에서 장로고시를 보고 면접을 하는 시간이었다. 한 목사님이 질문했다.

"장로가 교회 안에서 하는 일이 무엇입니까?"

그러자 후보자가 대답했다.

"목사 감독하는 일이지요."

사실 오늘날 장로 가운데, 혹은 교인 가운데 장로가 '목사를 견제하는 직분'으로 이해하는 경우가 허다하다. 어느 장로는 목사를 자기 입맛대로 길들이려 한다. 실로 장로의 직분에 대한 잘못된 이해에서 오는 어리석음이다. 그래서 장로 가운데 매주 문젯거리를 찾기 위해 교회에 오는 양 사명감을 가지고 목사를 감독하는 사람도 있다.

이런 의식으로 교회를 섬기니 목회가 어려울 수밖에 없고 교회가 시험에 들 수밖에 없다. 이런 장로는 교회를 분쟁과 다툼의 소굴로 만든다. 그러니 성도들이 행복한 웃음을 잃을 수밖에 없다.

서울대학교 종교학과를 마친 후 미국 프린스턴신학교에서 신학박사 학위를 받고, 서울대학교 교수로, 영락교회 장로로 섬기고 있는 분이 쓴 글을 읽은 적이 있다.

"나는 장로로서 교회의 부서를 두 번이나 책임진 적이 있다. 젊은 부목사님들이 지도목사였지만 나는 그분들을 목사로서 존중하여 의논하였고, 그분들은 나를 신학자인 장로로서 겸손하게 대해주었다. 여기에서는 군림은커녕 권위주의도 없었다. 참 흐뭇했다."

장로는 모름지기 목사를 신나게 웃도록 만들어야 한다. 교인들이 우러러보는 존경받는 장로가 되어야 한다. 그들이 존재함으로 교회가 아름답게 세워지고 부흥해야 한다. 우리는 스스로 질문해 보아야 한다.

"나는 무엇을 위해 장로가 되려고 하는가? 나는 누구를 위해 장로로 섬기는가?"

오늘날 교회와 성도의 영광이 추락된 한국사회에서 영향력을 다시 회복할 수 있는 직분자를 만들기 위한 훈련교재로서 이 책을 쓰게 되었다. 이 책은 장로로 하여금 교회를 섬기는 아름다운 일꾼이 되게 만들 것이다. 이 책을 대하는 모든 분이 교회를 섬기고, 목회자와 함께 신나게 동역하며, 온 교인의 아름다운 모델이 되어 하나님의 영광과 기쁨을 만드는 직분자가 되기를 소망한다.

글쓴이 김병태

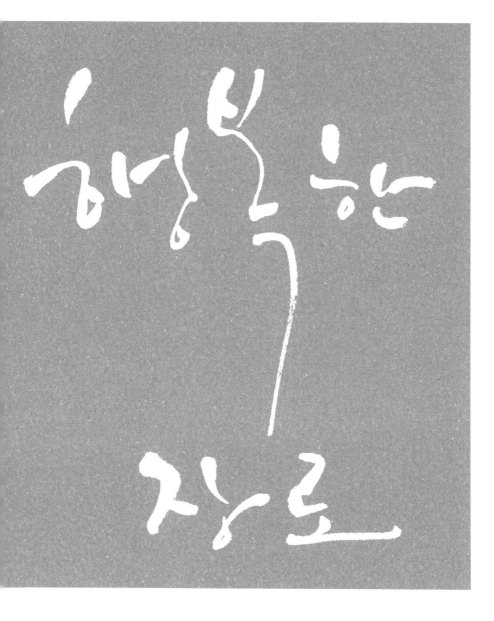

장로란 직분을 바로 이해하고 섬기라

장로란 직분에 대하여 대한예수교장로회 헌법
〈제5장 4조〉는 "목사와 협동하여 행정과 권징을 관리하며"라고
규정하고 있다. 장로에게는 행정과 권징을 수행해야 할 권한이 있다.

어느 목사님이 당회를 나오면서 고개를 절레절레 흔들며 말했다.

"장로교의 교리는 좋은데, 장로제도는 아무래도 문제가 있어."

이 말은 한국교회의 장로제도에 대한 심각한 반성이 일어나야 함을 여실히 보여준다.

하나님이 주신 직분은 거룩하고 영광스럽다. 하나님이 교회에 장로로 세워주셨다면 "장로 때문에 목회가 행복하다. 교회가 평안하다"고 말해야 하지 않겠는가? 그런데 "장로 때문에 목회를 못해 먹겠다. 교회가 재미없다"고 한다면 심각한 문제가 아닐 수 없다.

어느 목사님이 교회를 사임하고 이사를 하는데 냉장고 속에 우황청심환이 가득했다. 왜 그랬을까? 매월 갖는 당회에 대한 부담감 때문이란다. 어느 목사님은 "당회로 모이는 날은 목사가 죽는 날이다. 한

달에 한 번 찾아오는 당회가 무섭다"고 말한다. 그래서 당회가 있는 토요일 밤이면 잠자리에서 몸을 이리저리 뒤척거리며 잠을 이루지 못한다고 한다. 남편의 고민을 눈치를 챈 사모는 "주여!" 하고 긴 한숨을 어둠 속으로 내뱉는다고 한다. 온종일 설교를 해야 하는 목사가 "주일 아침인데 밥맛이 떨어져 밥도 못 먹는다"고 하니 사탄이 얼마나 즐겁게 춤추겠는가?

잔꾀가 탁월한 사탄은 교회를 무너뜨리기 위한 전력을 너무나 잘 알고 있다. "교회의 리더십을 공략하라!" 리더십이 흔들리면 교회는 송두리째 흔들리게 된다. 더구나 사탄은 더 교묘하게 일한다. "교회의 지도자들끼리 싸움을 붙여 분열시키라!" 그런데 현대교회가 사탄의 노리갯감으로 전락하고 있지는 않는가?

사탄의 흔듦으로부터 교회를 건져내기 위해서는 자격을 갖춘 장로를 세워야 한다. 그래서 장로를 세워놓고 후회하지 않도록 훈련해야 한다. 교회로부터 세움받는 장로 역시 자신을 점검하면서 교회에 유익한 일꾼이 되도록 노력해야 한다. 그렇다면 장로는 어떤 자격을 갖춰야 하며, 장로가 감당해야 할 직무는 무엇인가?

## 장로제도의 기원을 바로 이해하라

교회가 뿌리 채 흔들리는 데는 목사와 장로가 중심에 서 있다. 어느 교회는 목사의 주도권이 지나치게 강하기 때문이며, 또 다른 경우는 장로의 권한이 지나치게 집중되어 있기 때문이다. 어느 교회에서는 아예 "모든 것은 당회로!"라는 이야기가 나돈다. 장로교 정치는 장점을 가지고 있는 반면, 위험성도 내포되어 있다. 그렇기에 장로직에 대한 성경적인 인식이 절실히 필요하다.

성경에 나타나는 장로에 대한 기원을 살펴보자. 구약과 유대교 문헌 속에서 장로(즈케님)는 본래 종교적인 의미보다 어른, 늙은이, 연장자의 의미를 가졌다. 문중이나 지파 및 부족사회의 어른이나 연장자에게 사용되던 평범한 용어가 공동체 생활의 발전과 함께 점차 공동체나 지역사회의 덕망 있고 권위 있는 대표자나 지도자를 지칭하는 용어로 발전한 것이다.

구약성경에서는 전체 이스라엘 민족의 대표들을 장로라고 불렀다(출 3:16-18, 4:29, 17:5, 18:12). 이들은 전체 이스라엘을 대표하여 하나님과의 언약을 위해서 부름받은 자들이다. 그중에서 70인 장로는 모세의 인도로 시내산에 올라가 하나님과 이스라엘 사이에 맺어진 언약의 증인이 되었다(출 19:7, 24:9). 이들은 시내산에서 하나님을 바라보고 하나님의 면전에서 먹고 마시는 축복을 경험했다. 이 70인 장로단이 후에 이스라엘 산헤드린의회의 시초가 된다.

구약시대의 장로들은 종교적 기능 외에도 평화 시에는 재판관적 기능과 행정의 증인, 공동체 대표자의 기능을 담당했다. 유다왕국이 망하고 포로기에 접어들어서도 장로들은 이스라엘 민족 공동체의 신앙 유산을 보존하고 계승하는 중요한 역할을 했다. 그 후 BC 2~3세기에는 예루살렘에 이스라엘의 70인 장로로 구성된 장로의회, 즉 산헤드린이 존재하게 되었다. 예수님 당시에 예루살렘에만 약 480개의 회당이 있었는데 대개 한 지역에 한 회당이 있었다. 회당은 지역 자치기관으로서 예배와 종교집회, 교육, 문화의 장으로 사용되었다. 이러한 회당의 장들이 바로 장로로 불려졌다.

신약성경에서 장로라는 단어는 65회 사용되었다. 첫째 부류는 산헤드린 소속 평신도 대표로서의 장로이다(마 21:23, 26:3). 이들은 유대교의 신앙 전통과 질서의 수호자로서 예수님을 박해한 자들이다. 그뿐만 아니라 예수님이 죽으신 후에는 사도들을 박해한다(행 4:5, 23:14, 25:15). 둘째 부류는 각 지역 회당 대표로서의 장로이다. 셋째 부류는 기독교교회 지도자로서의 장로가 나타난다. 이들은 유대교의 산헤드린과 상응하는 기독교 지도자 그룹이다.

기독교교회 지도자로서의 장로 역시 세 가지 형태로 나타난다. 첫째는 예루살렘 원교회 지도자로서의 장로(행 11:30, 15:2,4,6,22), 둘째는 바울이 세운 이방교회 지도자들로서의 장로(행 14:23, 20:17, 딤전 5:17, 딛 1:5-7), 셋째는 요한계시록에 등장하는 24명의 천상의 장로들이다(계 7:9-17).

예루살렘교회는 사도들에 의해 세워졌다. 베드로, 요한, 야고보 등이 교회의 장로로 일했다. 이 장로의 머리는 처음에는 베드로였고, 그 후에는 예수님의 동생인 야고보였다. 옛 이스라엘의 대제사장이 원로장로로서 산헤드린을 주재했던 것처럼 야고보가 교회 역사상 처음으로 열렸던 사도와 장로들의 공의회를 주재했다(행 15장).

신약시대 교회의 장로직은 무엇보다도 유대교 장로제도에 깊은 영향을 받았다. 결국 유대교 장로제도 전통은 초대 기독교 신앙공동체에 자연스럽게 도입되었다. 그렇지만 신약성경에 나타난 장로는 감독직분과 거의 동의어로 사용되기도 하였고(행 20:28, 딛 1:5-7), 오늘날 목회자의 임무라고 할 수 있는 가르치고 설교하고 권면하며 교육하는 일에도 관여한 것으로 나타난다.

초대교회에서 장로제도는 일원적인 직분으로 존재했다. 프레스뷔테로스(presbyteros)라는 '장로'와 에피스코포스(episkopos)라는 '감독'은 별개의 직분이 아니라 동일 직분에 대한 다른 호칭이었다. 즉 장로와 목사가 이층구조로 직분화되어 있지 않았다. 당시에는 아직 세분화된 교회 직제를 가지고 있지 않았기에 목사, 감독, 장로 등의 직분이 엄격히 구분되지 않았다. 그렇기에 신약성경이 말하는 초대교회 장로직과 오늘의 한국교회 장로직은 그 내용이나 의미에 있어서 큰 차이점을 지니고 있다.

다시 한번 정리하면 장로회 정치는 모세시대로까지 거슬러 올라간다. 구약의 족장제도는 오랜 경륜과 경험과 지혜를 가진 원로들의 통치로 발전하였다. 이 원로제도가 모세시대 70인 장로체제로 정착되었다. 이 장로들은 회중을 다스리는 일을 하였고, 이 장로제도는 유대교 산헤드린 공의회로 연결되어 신약교회에 의해 계승되었다.

오늘날의 장로교는 종교개혁가 츠빙글리와 칼빈에 의해 확립된 장로주의를 토대로 하여 조직된 교회이다. 츠빙글리는 스위스의 교회를 조직할 때 그 신앙, 제도, 조직, 의식 등을 할 수 있는 대로 가톨릭교회와는 달리 초대교회와 같게 하기 위해 장로제도를 확립했다. 그렇기에 장로교는 교황 1인 독재체제에서 벗어나 성경이 말하는 교회 조직을 시도하여 민주주의 정치 원리로서 조직된 교회이다.

세계 장로교회사의 관점에서 볼 때 당회는 칼빈이 개혁을 꿈꿨던 제네바의 치리회에서 찾아볼 수 있다. 제네바의 치리회는 1542년 시의회에서 선출된 12명의 평신도 장로와 당시 목사회의 전 회원들로 조직되어 그 활동을 시작했다. 치리회에 대한 칼빈의 기본 생각은 개혁주의 신앙의 정통성을 지키기 위한 하나의 감시기관과 같은 것이었다.

또한 장로회 정치는 웨스트민스터 헌법을 기본으로 하고 있다. 웨스트민스터 헌법은 1643년 영국 정부의 주관으로 120명의 목사들과 30명의 장로들이 런던 웨스트민스터 예배당에 모여서 초안하고, 영국 각 노회와 대회에서 수의 가결한 연후에 총회가 완전히 교회 헌법으로 채용 공포한 것이다.

오늘날 장로회 정치는 지교회 교인들이 장로를 선택하여 당회를 조직하고, 그 당회로 하여금 치리권을 행사하게 하는 주권이 교인에게 있는 민주적 정치이다. 당회는 치리장로와 강도장로의 두 반으로 조직되어 지교회를 주관하고, 그 상회로서 노회와 대회 총회의 3심제 치리회가 있는 정치이다. 당회는 교인들의 대표인 장로와 노회가 파송한 목사로 구성되어 있다.

이러한 장로회 정치는 지나친 성직자 위주의 정치와 지나친 평신도 위주의 정치의 장점과 단점을 잘 조화시킨 균형 잡힌 정치 형태라고 할 수 있다. 교황정치나 감독정치는 지나치게 성직자 위주의 정치를 추구한다. 그런 측면에서 장로교회는 평신도의 기본권을 훨씬 더 잘 보장해주고 있다. 한편 회중정치 체제는 지나치게 평신도 위주의 정치를 추구한다. 그런데 장로교는 목회자의 치리권을 더 보장하고 있다. 장로교는 균형 잡힌 이상적인 교회 정치의 한 형태라고 볼 수 있다.

"당회만 없으면 목회 할 맛 난다"는 말을 듣는다. 골치 아프게 목회하고 싶지 않아서 아예 장로를 세우지 않거나 아주 소수를 세우는 교회도 있다. 그러나 살펴본 대로 장로제도는 성경적이고 매우 유익한 제도이다.

그래서 김인중 목사는 이렇게 말한다. "당회 없는 교회는 어떻게 보면 편안해 보이지만 목사 혼자서 하면 편안한 게 아닙니다. 모든 짐을 목사 혼자 져야 하기 때문에 힘든 것입니다."

장로를 세우자니 목회가 힘들고, 세우지 않자니 그것도 힘든 일이라면 과연 어떻게 해야 하는가? 상호 존중과 협력하려는 마음이 필요하다. 장로는 결코 목사의 감시자나 견제자가 아니다.

그래서 김인중 목사는 또 이렇게 조언한다. "목회자도 지도자요 장로님들도 지도자입니다. 그러나 우선순위에서 보면 목사님은 운전사와 같습니다. 하나님이 한 교회의 목회 비전과 방향을 목사님을 통해서 주셨기 때문에 개척이 되거나 부임이 됩니다. 그러므로 장로님들은 하나님의 특별한 기름 부음을 받고 목회자가 된 목사님의 의견을 존중해주려고 하는 것이 필요합니다."

## 장로의 자격을 알고 행하라

연주자는 연주를 하기 전에 '튜닝'(tuning)이 잘되어 있는지 반드시 점검한다. 튜닝이란 라디오나 텔레비전 방송 따위에서 수신기나 수상기의 다이얼을 돌려 주파수를 동조(同調)하여 특정한 방송국을 선택하는 일, 혹은 악기의 음을 표준음에 맞추어 고르는 일을 말한다. 만약 튜닝이 되어 있지 않으면 아름다운 음악이 흘러나온다 할지라도 오히려 듣기에 불쾌하게 된다.

교회의 직분도 마찬가지다. 직분자를 세우기 전에 영적 튜닝을 잘해야 한다. 그렇지 않으면 직분자를 세워놓고 심한 골치를 앓거나 목회나 교회에 큰 해악을 끼치게 된다. 그렇기에 직분자를 세우기 위한 자격 요건을 잘 살피고 그에 맞는 적절한 준비를 위해 교육계획을 수립해야 한다.

거룩한 직분을 수행하기 위해서는 그에 합당한 자격을 갖춰야 한다. 모세는 70인 장로를 세울 때 "이스라엘 무리 중에서 능력 있는 사람들을 택하여"(출 18:25) 각각의 직분자로 세웠다. 그뿐만 아니라 신약교회의 경우도 "성령과 지혜가 충만하여 칭찬받는 사람"(행 6:3)을 택하여 직분자로 세웠다. 그렇게 했을 때 하나님의 말씀이 왕성해지고 교회가 부흥되는 축복이 있었다.

칼빈은 로마서 주석에서 12장 8절을 해석할 때 '다스리는 자'(rulers)는 원로들(senior)로서 장로를 암시한 것으로 주해했다. 본래 장로는 단지 연령이 많은 사람을 가리키는 것이 아니라 영적으로 성숙한 사람을 가리키는 것이었다. 그들은 영적으로나 지적으로 남보다 우월하기 때문에 권위가 있고, 또한 다른 사람들을 지도할 수 있었다. 그렇기에 장로는 경건하고 위엄 있으며 성결한 사람들이 되어야 한다.

대한예수교장로회 헌법 정치 제5장 제3조에서는 장로의 자격을 다음과 같이 규정한다(헌법은 저자가 속한 대한예수교 장로회 헌법을 기초로 하고 있음을 양해 바란다). "만 35세 이상 된 남자 중 입교인으로 흠 없이 5년을 경과하고 상당한 식견과 통솔력이 있으며 디모데전서 3:1~7에 해당한 자로 한다."

그렇다면 성경에서는 장로의 자격에 대해서 무엇이라고 말하는가? 신약시대에는 장로와 감독이 각기 나뉘어져 있지 않았다. 칼빈은 디모데전서 1장 1절을 해석하면서 "감독의 직분은 하나님의 백성들을 주관하도록 선택된 목사와 장로들과 기타의 사역자들을 포함한다"고 말했다. 이 단어는 베드로전서 2장 25절에서 양 떼를 돌보는 사람으로 쓰였고 예수 그리스도께도 적용되었다. 그렇기에 감독의 자격이나 장로의 자격은 같이 볼 수 있다.

감독이나 장로의 자격에 대해서는 디모데전서 3장 1~7절과 디도서 1장 5~9절에서 규정하고 있기에, 두 본문에서 영적으로 성숙한 직분자에 대해서 살펴보고자 한다.


### 1. 책망할 것이 없어야 한다(딤전 3:2, 딛 1:6-7).

책망할 것이 없다는 말은 '공격을 받지 않는다' 는 뜻이다. 레슬링

선수나 권투 선수가 공격하는 선수에게 몸을 노출시키지 않는 데서 유래되었다. 장로의 신령한 권위가 손상되지 않도록 성품의 결함이 없어 남에게 비난받지 않고 좋은 평판을 받아야 한다. 장로란 직분은 너무나 중요한 직이자 교회의 얼굴이다. 그렇기에 도덕적으로나 신앙생활에서 타인에게 흠 잡힐 만큼 자격에 하자가 없어야 한다. 장로감이 아님에도 불구하고 세상적인 직위나 부의 정도를 보고 장로를 세워서는 안 된다. 더욱이 장로가 되려고 선거운동을 해서는 절대 안 된다.

### 2. 한 아내의 남편이어야 한다(딤전 3:2, 딛 1:6).

이 구절은 많은 논란이 된다. 축첩을 금하는 것인지, 아니면 일부일처를 말하는 것인지? 이혼 후 재혼을 금하는 것인지, 아니면 배우자가 죽어도 재혼을 금하는 것인지? 한 아내의 남편이 된다는 것을 어떻게 해석하든 일부일처제가 성경적 의미이고 자기 아내에게 충실하여야 함은 두 말할 나위가 없다. 세상적인 문화가 어떠하든 장로는 성적 문란함에 빠져서 안 된다.

### 3. 절제할 줄 알아야 한다(딤전 3:2, 딛 1:8).

절제는 성령의 열매 가운데 하나이다. 장로는 자신의 욕망을 통제할 수 있어야 한다. 장로가 권력에 대한 욕망에 사로잡혀 교회를 큰 시험에 들게 하는 경우는 허다하다. 장로는 태도나 행동 등 모든 면에서 자신을 통제함으로써 교회의 덕을 해치지 말아야 한다.

## 4. 신중한 자여야 한다(딤전 3:2, 딛 1:8).

신중하다는 것은 '건전한 정신의, 자제하는, 차분한 것'을 말한다. 이것은 본래 술 취하지 않은 상태를 말한다. 장로는 술이나 다른 육체적인 쾌락을 삼가고 영적으로 깨어 있는 상태를 유지해야 한다. 충동적으로 말하거나 행동하지 않고 매사에 분별력 있게 행동해야 한다.

## 5. 단정한 자여야 한다(딤전 3:2).

단정하다는 말은 '질서 있는, 예의 바른, 명예로운'과 같은 뜻을 갖고 있다. 이 말은 사람의 행위에 있어서 도가 지나치지 않고 점잖고 정중하게 행동하는 것을 가리킨다. 장로는 적절한 마음과 몸가짐을 가져야 한다.

## 6. 나그네를 대접하는 자여야 한다(딤전 3:2, 딛 1:8).

나그네를 대접하는 것은 낯선 사람에게 친절을 베푸는 것이다. 1세기에 여행을 하던 그리스도인들은 이교적 분위기에 휩싸인 여관을 피했다. 그래서 그들은 하룻밤을 유숙할 그리스도인의 가정을 찾아다니곤 했다. 특히 초대교회에는 여기저기 다니면서 복음을 전하는 순회 전도자가 많았고 복음 때문에 핍박을 받아 고향을 등지고 나그네 생활을 하는 성도가 많았다. 이런 사람들을 대접하는 것이야말로 얼마나 귀한 일인지 모른다. 그래서 "손님 대접하기를 잊지 말라. 이로써 부지중에 천사들을 대접한 이들이 있었느니라"(히

13:2)고 말한다.

### 7. 가르치기를 잘하는 자여야 한다(딤전 3:2).

장로는 하나님의 말씀을 삶에 적용시켜 영적으로 가르칠 수 있는 능력을 가져야 한다. 장로는 불신자를 전도하고 자신이 맡은 양 떼를 말씀으로 잘 가르치고 양육할 능력을 가져야 한다. 그러기 위해서는 먼저 "그리스도의 말씀이 너희 속에 풍성히 거하여"(골 3:16)라는 말씀을 실천해야 한다. 내가 말씀에 매이지 않고서 다른 사람을 가르친다는 것은 외식일 뿐이다.

### 8. 술을 즐기지 아니하는 자여야 한다(딤전 3:3, 딛 1:7).

술을 즐긴다는 말은 '술 곁에 오래 앉아 있는 사람'을 말한다. 장로는 술에 취함으로 방탕한 생활을 해서는 안 된다. 술을 가까이해서 영적으로나 정신적으로, 육체적으로 유익할 것이 없다. 물론 술을 마신다고 구원에 영향을 미치는 것은 아니다. 그러나 술을 가까이하기 위해 술에 대해 관용을 베풀 필요는 없다. 집사도 술에 인박히지 않아야 하지만(딤전 3:8) 장로는 더욱 주의해야 한다. 더구나 습관적으로 술을 마신다면 그것은 장로의 자격이 없는 것이다.

### 9. 구타하지 않는 자여야 한다(딤전 3:3, 딛 1:7).

구타한다는 것은 '성질이 급하여 폭력을 쓰는 것'을 말한다. 그뿐만 아니라 자기의 주장만 일삼는 '언어의 폭력'까지도 포함한다. 장로는 말로나 육체적으로 싸우거나 구타하지 말아야 한다. 어떻게 거룩한 당회에서 언어폭력이나 몸싸움을 일삼을 수 있단 말인가? 거룩한 모임을 난폭한 모임으로 만든다면 용서되지 않는 일이다.

### 10. 관용하는 자여야 한대(딤전 3:3).

관용하다는 말은 '호의적인, 친절한, 참을성 있는, 동정심 많은, 관대한, 다정한'과 같은 뜻을 갖는다. 이것은 다른 사람을 보살피는 것, 즉 다른 사람을 위로하되 아프게 하지 않는 것을 말한다. 장로는 성경의 가르침과 배치되지 않는다면 어떤 손해나 아픔이라도 스스로 감수할 수 있어야 한다.

### 11. 다투지 않는 자여야 한대(딤전 3:3).

"주의 종은 마땅히 다투지 아니하고"(딤후 2:24). 장로가 논쟁하고 폄론하며 시비를 즐겨서 다투게 될 때 교인들에게 상처를 주고 그리스도의 몸을 해하게 된다. 다투지 않는다는 것은 자기주장만 내세우지 아니하고 타인의 의견을 수렴할 수 있는 자세를 내포하고 있다. 디오드레베는 으뜸이 되고자 다투기를 즐겼다(요삼 1:9). 그는 장로직을 가지고 자신의 야심을 채우려했다.

### 12. 돈을 사랑하지 않는 자여야 한대(딤전 3:3).

장로가 돈을 갖고 있으면 주의 일을 위해서는 유익하다. 장로가 인색하여 돈을 쓰지 않으면 일꾼들에게 동기부여를 하는 데 한계가 있다. 더구나 교회 재정을 쓰는 데 너무 인색하게 되면 주의 일을 제대로 할 수 없다. 장로는 지체들로 하여금 물질로 섬겨야 하기도 하기 때문이다. 때로는 교회 재정을 가정이나 구멍가게를 운영하는 식으로 하는 장로들도 있다. 그러나 돈의 노예가 되어서 돈을 섬기는 자가 되어서는 안 된다. "돈을 사랑함이 일만 악의 뿌리가 되나니"(딤전 6:10). 돈을 사랑하게 되면 미혹에 빠지게 된다. 더구나 장로는 어떤 이유에서라도 더러운 이득을 탐하지 않아야 한다(딛 1:7). 교회 재정을 손대거나 마치 자기 돈을 쓰듯이 생색을 내서는 안 된다.

### 13. 자기 집을 잘 다스려 자녀들로 하여금 복종하게 하는 자여야 한다(딤전 3:4-5).

장로는 자녀들을 신앙으로 양육하는 데 있어서 그 품위를 잃지 않고 자녀들을 진리 가운데로 인도하는 것에 힘써야 한다. 장로는 성실함과 자상함으로 가정을 보살펴서 자녀를 신앙적으로 잘 양육해야 한다. 장로는 방탕하다는 비난을 받거나 불순종하는 자녀를 두지 않도록 자녀를 훈육해야 한다(딛 1:6).

### 14. 새로 입교한 자가 아니어야 한다(딤전 3:6).

새로 입교한 자는 최근에 개종하여 교회가 받아들인 자를 가리킨다. 영적으로 어린아이가 중직을 맡았을 때 자칫 경솔하게 행동할 수 있고 교만하여 타락의 길로 치달을 수 있다. 그래서 너무 빨리 장로가 되는 것이 유익한 것만은 아니다. 장로는 영적으로 성숙되어 신앙생활의 이력이 충분한 자여야 한다.

## 15. 외인에게도 선한 증거를 얻은 자라야 한다(딤전 3:7, 딛 1:8).

외인이란 교회 밖에 있는 불신자를 말한다. 장로는 악한 것보다 선한 것을 택함으로써 세상 사람들로부터 좋은 평판을 얻어야 한다. 그렇지 않을 때 하나님의 영광을 가려서 전도의 문을 막게 된다. 이것은 세상 사람들에게 아부하고 타협하라는 말이 아니다. 정직하고 모범적으로 행동하여 존경을 받고 인정을 받아야 한다는 뜻이다.

## 16. 제 고집대로 하지 아니하는 자여야 한다(딛 1:7).

제 고집대로 하지 않는다는 것은 자기만족을 즐기는, 혹은 거만함을 의미한다. 이는 자기만족을 위해서 타인을 희생시키고 교만하여 하나님을 무시하는 행위를 가리킨다. 장로는 자기주장이 너무 강해서 융통성 없는 태도를 취하지 않아야 한다. 자칫 자신의 주장이나 방법만을 강요하는 장로가 될 수 있다. 이에 대하여 칼빈은 "제 고집대로 하는 자는 흔히 광신자가 된다"고 말했다.

## 17. 급히 분내지 않는 자여야 한다(딛 1:7).

급히 분내지 않는 것은 쉽게 흥분하지 않는 것을 말한다. 분노는 병마개가 없이 허용되어서는 안 된다. 인간의 감정은 적절하게 통제되어야 한다. 하나님의 사람은 온유하고 겸손해야 하며 혈기를 내서는 안 된다.

### 18. 더러운 이득을 탐하지 아니하는 자여야 한다(딛 1:7).

더러운 이득을 탐하지 않는 것은 부당한 거래를 통한 이익을 취하는 것을 말한다. 장로는 언제나 정당한 거래를 해야 한다. 돈에 깨끗하지 못한 장로로 인해 하나님의 명예를 더럽히는 경우가 많다.

### 19. 의로워야 한다(딛 1:8).

장로는 타인과의 관계에서 올바른 기준에 따라 행동해야 한다. 사람들을 대할 때 모든 사람을 평등하게 대해야 한다. 장로는 하나님 앞에 바른 관계를 갖고 있을 뿐만 아니라 대인관계에 있어서 의로워야 한다. 매사에 공평하고 정의롭게 처신해야 한다.

### 20. 거룩한 자여야 한다(딛 1:8).

거룩한 자는 하나님과의 관계에서 올바르다는 뜻이다. 장로는 하나님과의 관계에서 합당한 신앙생활을 해야 한다. 경건함과 거룩함으로 자신을 드러내지 못하면 리더십을 발휘할 수 없다. 교인들의 경건생활을 지도할 수 있는 경건의 모양뿐만 아니라 경건의 능력을 갖춰야 한다.

## 장로의 직무를 발견하라

우리는 이미 장로교 정치는 매우 성경적이고 목회자와

평신도의 균형적인 사역을 위해 이상적인 정치제도임을 살펴보았다. 그러나 불행하게도 현실적으로 당회는 심각한 중병에 걸려 있는 것이 사실이다. 그러다 보니 당회가 제 기능을 담당하지 못함으로써 소위 '장로 석가래론'이라는 말까지 생겨난다. 즉 장로가 교회의 기둥이 될 수 없고 석가래에 불과하다는 것이다. 이것은 장로 천대론에서 나온 그릇된 표현이다.

현실적으로 장로의 직무 중 '목사의 목회 행정을 어디까지 관여할 것인가?' 하는 문제는 늘 크나큰 논란거리였다. 그렇다면 도대체 무엇이 문제인가? 당회 정치 체제가 문제인가, 아니면 당회를 구성하는 사람들의 문제인가? 만약 사람의 문제라면 목사의 문제인가, 아니면 장로의 문제인가? 이 문제에 대한 해답을 찾기 위해 이제 당회가 담당해야 할 주된 임무가 무엇인지 살펴보아야 할 것 같다(황성철 교수의 「교회 정치 행정학」(총신대학교 출판부) pp.382-415 참조).

당회의 주된 임무는 '교인들의 훈련'에 있었다. 이 훈련은 특별히 교인들이 도덕적 수준에 맞는 삶을 영위하는지의 여부, 예배에 정규적으로 참석하는지의 여부, 그리고 개혁주의 신앙을 바로 알고 매일의 생활에서 실천하고 있는지의 여부 등을 감시하고 지도하는 것이었다. 한마디로 제네바의 치리회는 교회의 순결과 교인들의 개혁주의 신앙심을 심는 훈련기관이나 다름없었다.

대한예수교장로회 헌법 〈제5장 4조〉는 "목사와 협동하여 행정과 권징을 관장한다"라고 규정하고 있다. 장로에게는 행정과 권징을 수행해야 할 권한이 있다. 그러나 그것이 지나쳐서 목회에 걸림돌로 작용하는 것이 문제이다. 그래서 총신대학교 황성철 교수는 "장로가 신령적 유익에 관계된 일을 중심으로 해야지 매사에 목사의 전문 목회 행정권에 제동을 거는 것은 장로의 직무 권한을 넘어서는 것이다"고 지적한다.

실제로 당회는 지교회의 정치와 행정의 핵심이다. 모든 지교회의 정치와 행정이 당회를 통해 이루어진다. 이러한 당회는 제네바의 치리회에서 시작되었다. 그런데 문제가 되는 것은 "당회가 정치의 전 영역인 입법, 사법, 행정의 모든 영역의 전권을 행사할 수 있느냐?" 하는 것이다. 당회는 원래 사법적 기원을 갖기 때문에 치리기능을 하는 건 당연하다. 그런데 현대교회에서는 사법기능이 약화되고 행정 기능이 강화됨으로써 교회의 정책결정기능의 핵으로 변하게 되었다.

여기서 문제가 발생한다. 오늘날 흔히 볼 수 있는 현상이 있다. 목사의 전문 목회정책과 당회의 이사회적인 행정기능이 충돌하고 있다는 사실이다. 그러다 보니 목사와 장로의 갈등이 교회를 사회 법정으로 끌고가는 심각한 사태까지 빚어지고 있다. 이러한 현상은 헌법에서 규정하고 있는 '교인의 신앙과 행위를 총괄'하고 '신령적 유익을 도모하며 각 기관을 감독'한다는 문구가 오해를 불러일으키는 것 같다. 여기서 '총괄과 감독'을 확대해석하여 입법, 행정, 사법을 포함한 당회의 전권 행사권으로 남용할 가능성이 있다. 자칫 '교인'을 감독하는 것을 '목사'를 감독하는 것으로 오해하고, 장로가 되면 목사에게 사사건건 간섭하는 것을 사명으로 알고 목회의 행정 기능을 제제하려고 드는 경우가 있다.

가끔 "장로가 되면 목에 깁스를 한다"는 말을 듣는다. 장로직은 섬기는 자리이자 희생하는 직분이다. 결코 이방 집권자들처럼 권세를 휘두르는 권위직이나 명예직이 아니다. 주님이 교회를 위해 자기 몸을 희생함으로 섬기셨듯이 그리스도의 몸인 교회를 위해 봉사와 희생을 각오하면서 종으로 섬기는 직분이다. 주인으로서 군림하려는 마음은 사탄이 교회를 깨뜨리기 위해 심어주는 잡초와 같은 것이다.

그렇다면 장로교 헌법에서는 장로의 직무에 대해서 무엇이라고 규정하고 있는가? 교회정치 제5장 4조에는 장로의 직무에 대하여 다음과 같이 말한다.

### 1. 교회의 신령적 관계를 총찰한다.

치리장로는 교인의 택함을 받고 교인의 대표자로 목사와 협동하여 행정과 권징을 관리하며 지교회 혹은 전국 교회의 신령적 관계를 총찰한다.

### 2. 도리 오해나 도덕상 부패를 방지한다.

주께 부탁받은 양의 무리가 도리 오해나 도덕상 부패에 이르지 않기 위하여 당회로나 개인으로 선히 권면하되 회개하지 아니하는 자가 있을 때에는 당회에 보고한다.

### 3. 교우를 심방하되 위로, 교훈, 간호한다.

교우를 심방하되 특별히 병자와 조상자를 위로하며 무식한 자와 어린아이들을 가르치며 간호할 것이니 평신도보다 장로는 신분상 의무와 직무상 책임이 더욱 중하다.

### 4. 교인의 신앙을 살피고 위하여 기도한다.

장로는 교인과 함께 기도하며, 위하여 기도하고, 교인 중에 강도(講道)의 결과를 찾아본다. 이와 같이 장로는 목사가 선포한 말씀대로 살고 있는지를 살펴보고 그들을 지도해야 한다.

### 5. 특별히 심방할 자를 목사에게 보고한다.

병환자와 슬픔을 당한 자와 회개하는 자와 특별히 구조받아야 할 자가 있는 때에는 목사에게 보고한다. 이와 같이 장로는 교인들을 심방해서 그들의 영적인 상태와 가정적인 상황을 알아보고 목사에게 보고해야 한다.

황성철 교수는 장로의 정체성을 다음과 같은 세 가지로 요약한다. 첫째는 교인들의 대표요, 둘째는 목사의 협력자요, 셋째는 교인들의 영적 관리자이다. 그렇다면 장로는 목사와의 관계에서 교회의 모든 직무가 말씀 증거의 직무에 모아져 있고, 이 직무는 목사의 고유직무이므로 장로의 고유직무인 치리나 봉사의 일은 목사의 말씀 증거의 직무에 협력해야 한다. 또한 장로는 교인과의 관계에서 교인의 신령적 형편을 파악하고 그들의 부패를 방지시키고 권면하여 교도하는 책임을 수행해야 한다.

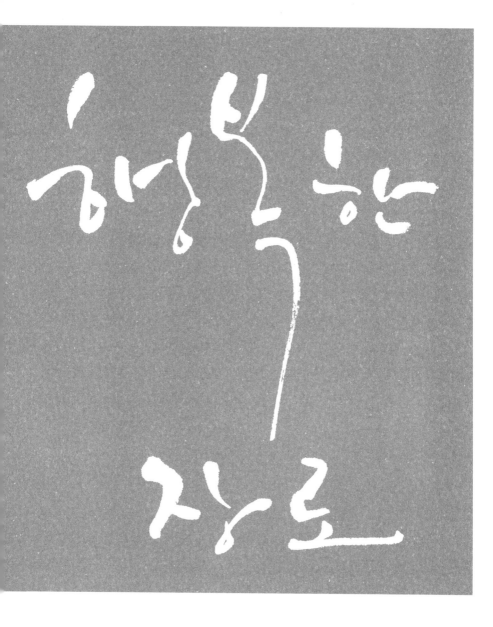

행복한 장로

C·H·A·P·T·E·R·2

칭찬받는 덕스러운 당회원이 되라

사랑은 덕을 세우고 다른 사람의 허물을 덮어주는 감동을
주며 분위기를 아름답고 평화롭게 만든다. 장로는 모든 일에
사랑으로 화평을 도모하고 덕을 세우기 위해 힘써야 한다.

어느 교회는 표어를 "상식이 통하는 교회"로 정했다. 우스운 일이
다. 복음은 상식 이상이다. 복음으로 사는 삶은 초월적인 삶을 가져
온다. 그러나 상식이 통하는 교회라니? 이 말은 교회에 의외로 상식
이 통하지 않는 일이 많다는 반증이다.

어느 목사님은 "도대체 상식이 통해야 대화를 하지"라는 말을 한다.
누구를 가리키는 말일까? 교회 안에 영광스러운 직분으로 세워진
장로를 향해 하는 말이다. 전도를 하다 보면 많이 듣는 이야기가 있
다. "장로라는 양반이 어떻게 그렇게 할 수 있어?" 사기를 치는 장
로, 돈을 떼먹는 장로, 불법을 아무렇지도 않게 저지르는 장로가 많
다는 말이다.

영광스러운 장로의 직분을 받는 자는 가정이나 교회나 사회에서 덕

있는 장로가 되어야 한다. "이로써 그리스도를 섬기는 자는 하나님을 기쁘시게 하며 사람에게도 칭찬을 받느니라"(롬 14:18). 사람들에게 칭찬받기 위해 아부를 떨거나 타협할 필요는 없으나, 선을 행함으로써 사람들에게 칭찬받기 위해서 스스로 힘써야 한다.

총신대학교 신학대학원을 들어가면 교정에 세워진 비석에 이런 말이 적혀 있다. "신자가 되라. 학자가 되라. 성자가 되라. 전도자가 되라. 목회자가 되라." 총신대학교는 목회자가 되고 학자가 되기 위해 찾아오는 곳이다. 그런데 가장 먼저 '신자가 되라'고 요청하고 있다. 다른 말로 표현하면 목회자나 학자가 되기 전에 먼저 사람다운 사람, 성도다운 성도가 되라는 뜻이다. 인간성이 좋지 않은 장로야말로 교회나 사회에 덕을 끼치지 못함으로써 하나님의 영광을 가리게 된다.


## 덕을 끼치는 장로가 되라

어떤 이는 말한다. "직분 호칭 바뀌는 재미라도 있어야 교회에 나오지!" 교회의 현실을 여실히 드러내 보여주는 말이라 생각된다. 남자는 장로가 되는 것이, 여자는 권사가 되는 것이 소원이란다. 거룩한 열망이다! 그러나 소원을 성취하고 나서는 어떤가? 목에 힘이 들어가기 시작하고, 그때부터는 섬김에서 물러나지 않는가!

장로를 세워서 하나님이나 교회에 해가 된다면 그것은 문제가 된다. 그런데 현실적으로 그런 일이 비일비재하다. 신학교 교수를 하다가 담임목사를 하던 분이 계셨다. 하지만 지금은 목회 현장에서 완전히 물러나셨다. 왜 일까? 그 목사님은 아픈 가슴을 달래며 이렇게 말씀하신다. "내가 세운 장로 때문에 교회를 물러나야 하는 아픔이 가장 힘들었어." 그 후로는 목회를 하고 싶은 마음이 사라진 것이다. 장로를 세울 때 그 목적은 그로 하여금 충성스럽게 섬김으로 하나님의 명예가 드러나고 하나님의 교회가 유익을 얻기 위함이다.

그렇다면 어떻게 덕을 끼치는 장로가 될 수 있는가?

하나님은 우리를 왕 같은 제사장으로 불러주셨다. 왕이란 존재도 귀하고 제사장이라는 존재도 귀하다. 그런데 우리는 왕 같은 제사장이니, 이 얼마나 귀한 존재인가? 그렇다면 하나님이 왜 우리를 왕 같은 제사장으로 불러주셨는가? "이는 너희를 어두운 데서 불러내어 그의 기이한 빛에 들어가게 하신 이의 아름다운 덕을 선포하게 하려 하심이라"(벧전 2:9). 하나님은 우리를 하나님의 홍보대사, 선전군으로 불러주셨다. 하나님이 행하시는 아름다운 일들을 사람들에게 드러내고 선포해야 한다. 하나님의 아름다운 성품을, 하나님이 주신 복음의 풍성함을 알려주어야 한다.

고린도교회는 어느 교회보다 은사가 풍성한 교회였다. 하나님이 주신 축복이었다. 그런데 은사를 행한다고 덕이 있는 것은 아니다. 그래서 바울은 고린도교회를 향해서 이렇게 책망한다. "모든 것이 가하나 모든 것이 유익한 것은 아니요 모든 것이 가하나 모든 것이 덕을 세우는 것은 아니니 누구든지 자기의 유익을 구하지 말고 남의 유익을 구하라"(고전 10:23-24). 덕을 끼치는 장로가 되려면 자신의 유익을 내려놓아야 한다. 자기의 유익을 따라 일을 하게 되면 다른 사람에게 해를 주게 된다. 장로는 모름지기 다른 교인들의 유익을 추구할 줄 알아야 한다. 교회의 덕을 위해서라면 자신은 손해를 보고 자존심마저도 내려놓아야 한다.

한때 한국교회에도 성령의 역사가 많이 나타났다. 그런데 신유와 예언사역을 한다는 자들이 덕을 끼치지 못함으로써 교회에 물의를 일으키고, 세상으로부터 비웃음거리가 되었다. 그래서 성장 주도적인 한국교회가 성숙 지향적인 교회로 방향을 전환하게 되었다.

바울은 성도야말로 우승을 바라보고 달리는 육상선수와 같다고 말한다. 육상선수는 승리의 월계관을 받기 위해 스스로를 절제한다. 영적 달음질도 마찬가지다. 믿음의 경주자요 복음의 경주자인 바울도 고생하며 달린 후에 버림당할까봐 스스로를 절제하고 또 절제했다. "내가 내 몸을 쳐 복종하게 함은 내가 남에게 전파한 후에 자신이 도리어 버림을 당할까 두려워함이로다"(고전 9:27).

장로 직분을 맡은 자도 마찬가지다. 장로의 직분을 수행하고서 마지막에 주님으로부터 버림당한다면 어떻게 할까? 장로로 세움을 받았지만 교인들로부터 버림받는다면 어떻게 하겠는가? 버림당하는 수치스러운 장로가 되지 않기 위해서는 남을 판단하는 왜곡된 눈을 가질 것이 아니라 늘 자신을 돌아보고 살피는 자아성찰의 눈을 가져야 한다.

바울은 고린도교회를 향해 책망한다. "너희의 모임이 유익이 못되고 도리어 해로움이라"(고전 11:17). 고린도교회는 분쟁이 있던 교회였다. 서로 파당을 지어 시기하고 싸웠다. 그러다 보니 주님의 영광이 들어날 리 만무했다. 더구나 고린도교회는 그리스도의 십자가죽음을 기념하는 성찬식을 행하면서도 오히려 덕이 되지 못했다. 부자들은 집안일을 종들에게 시켜두고 일찍 올 수 있었다. 이들은 종들이 올 때까지 기다리지 않고 자기들끼리 음식을 먹고 마셨다. 나중에는 배부르고 취할 정도였다. 그런데 집안일을 다 마치고 와야 하는 종들은 늦게 와서 먹을 게 없어 수치를 당했다. 그러니 어찌 이것이 온당한 성찬식이라 할 수 있겠는가? 이러한 모임은 유익이라기보다는 오히려 해로운 모임으로 전락하고 만다. 교회가 이렇게 되어서는 안 된다. 만약 장로 된 자가 교회나 성도에게 유익은 되지 못할망정 해로운 존재가 된다면 과연 어떻게 되겠는가?

바울은 고린도교회가 방언을 하고 예언을 하면서도 무질서하게 덕을 끼치지 못함에 대해서 지적한다. "그런즉 형제들아 어찌할까. 너희가 모일 때에 각각 찬송시도 있으며 가르치는 말씀도 있으며 계시도 있으며 방언도 있으며 통역함도 있나니 모든 것을 덕을 세우기 위하여 하라"(고전 14:26). 영적인 은사를 가지고 화려한 예배를 드리는 것도 좋다. 그러나 그것이 덕을 세우지 못한다면 그것은 인간의 즐거움을 채우는 그 이상은 아닐 것이다. 그래서 바울은 은사를 사모하되 교회에 덕을 세우라고 강조한다. "그러므로 너희도 영적인 것을 사모하는 자인즉 교회의 덕을 세우기 위하여 그것이 풍성하기를 구하라"(고전 14:12).

　장로는 품위를 갖춰야 한다. 장로는 영적으로 교회의 어른이다. 모든 교인이 볼 때 부끄러운 행동을 해서는 안 된다. 그래서 바울은 고린도 교인들에게 "모든 것을 품위 있게 하고 질서 있게 하라"(고전 14:40)고 권면한다. 좋은 일을 하는 것도 중요하지만 품위를 잃지 말아야 한다.

　덕스러운 장로가 되려면 지혜로워야 한다. 혼자 즐겁고 기분 좋다고 다 되는 것은 아니다. 하나님의 일은 자신뿐만 아니라 지체들의 행복과 공익을 추구해야 한다. 지혜롭게 일을 처리할 줄 알아야 한다. "형제들아 지혜에는 아이가 되지 말고 악에는 어린아이가 되라. 지혜에는 장성한 사람이 되라"(고전 14:20). 장로는 악한 일에는 어린아이와 같아야 하지만 지혜에는 장성한 사람과 같아야 한다.

　덕 있는 장로가 되려면 예수 그리스도의 마음을 가져야 한다. 사도 바울은 고린도 교인들에게 질문한다. "누가 주의 마음을 알아서 주를 가르치겠느냐. 그러나 우리가 그리스도의 마음을 가졌느니라"(고전 2:16). 바울은 그리스도를 닮은 사람이다. 그는 고린도 교인이나 빌립보 교인들에게 그리스도의 마음을 가지라고 촉구한다. 그리스도의 마음을 가질 때 덕을 끼치면서 봉사할 수 있기 때문이다.

　장로는 교회에서 덕을 끼침에 있어 모범을 보여주어야 한다. 장로는 예배드리는 데서부터 덕을 끼쳐야 한다. 어느 교회 장로님은 예배시간이 되면 늘 앞자리에 앉아서 기쁨과 감사함으로 예배를 드린다. 설교시간에는 항상 입을 크게 열고 "아멘"으로 화답하신다.

어느 날, 목사님이 그 장로님께 이렇게 말했다.

"장로님, 예배시간에 아멘 하시는 것은 좋으나 입을 크게 벌려서 하는 것이 외관상이나 위생적으로 안 좋은 것 같습니다."

그러자 장로님은 웃으면서 이렇게 대답했다.

"목사님, 모든 악은 모양이라도 버리라고 말씀하셨는데, 은혜는 어떤 모양이나 방법을 통해서든 받아야 하지 않겠습니까?"

그 장로님의 아멘 화답에 다른 장로들도 전염이 되었고, 온 교인에게 확산되어 갔다.

장로는 말하는 일에 있어서, 복장이나 태도에 있어서, 봉사함에 있어서, 지체들과의 관계에 있어서뿐만 아니라 가정생활과 직장생활, 사회생활에 있어서도 덕을 끼쳐야 한다.


## 질서 있게 당회를 섬기라

하나님은 질서의 하나님이시다. "하나님은 무질서의 하나님이 아니시요 오직 화평의 하나님이시니라"(고전 14:33). 하나님이 천지만물을 창조하실 때 질서를 따라 창조하셨다. 만약 아무것도 없는 상태에서 인간만 창조해 놓으셨다면 어떻게 되었을까? 그러나 하나님은 인간이 살 수 있는 모든 환경을 조성해 놓으시고 인간을 창조하셨다. 하나님은 무질서를 원치 않으신다. 화평을 원하지 불협화음을 원치 않으신다. 그렇기에 교회는 복음 안에서 아름다운 하모니를 만들어야 한다.

장로는 하나님의 일을 할 때 마땅히 정해진 질서에 따라 섬겨야 한다. 당회는 당회장이 있다. 모든 당회원은 당회장을 존중하고 그가 이끄는 회의에 잘 협조해야 한다. 어느 교회에는 당회장의 통제를 받지 않는 장로가 있다. 당회장이 통제를 하면 "목사님은 가만히 계세요"라고 하면서 자기 말만 한다. 누가 당회장이고 누가 당회원인지 모르는 처사이다. 당회원이 당회장의 통제를 받지 않고 자기주장만 한다면 당회는 시장바닥처럼 무질서해질 것이다. 모든 당회원은 당회장의 통제 속에서 토론하고 자기 의견을 개진해야 한다.

그뿐만 아니라 당회원은 서로의 인격을 존중하고 서로의 의사를 존중해야 한다. "형제를 사랑하여 서로 우애하고 존경하기를 서로 먼저 하며"(롬 12:10). 어느 장로는 회의석상에서 다른 장로를 인격적으로 모독하는 말이나 행동을 한다. 다른 장로를 귀하게 여기지 않으면 독불장군이 되고, 결국 나중에는 외톨이가 될 것이다. 다른 사람을 나보다 낫게 여기는 마음으로 회의에 임해야 은혜로운 당회가 된다. 장로는 결코 권세를 휘두르는 직분이 아니다. 명예를 얻기 위한 직분도 아니다. 고함을 치고 자기주장을 관철시키기 위해 장로가 된 것도 아니다. 장로는 당회를 할 때 하나님 앞에서나 교인들 앞에서 부끄럽지 않게 덕을 보여야 한다.

최근에는 당회에서 역기능의 부작용이 많이 발생하자 열린 당회라는 것이 생겨났다. 당회실에 모니터를 설치하여 당회하는 광경을 전교인에게 공개하는 것이다. 어느 교회는 당회할 때 평신도들이 방청할 수 있도록 하기도 한다. 당회를 공개하는 것도 좋고 평신도들의 방청을 허용하는 것도 나쁠 것이 없다. 그러나 '당회를 불신해서' 그렇게 해야 한다면 슬픈 일이 아닐 수 없다. 그러다 보니 당회가 목회자에게는 너무 부담스러운 모임이 되었다.

어느 목사님이 쓴 글을 읽은 적이 있다. 목사님이 성도들과 함께 횟집에 들어갔다. 메뉴판을 보니 거기에는 광어회, 농어회, 전어회 등 생각만 해도 먹음직스러운 메뉴들이 선택을 기다리고 있었다. 그때 한 성도가 정중하게 물었다.

"목사님은 어떤 회를 좋아하세요?"

목사님은 메뉴판을 놓으시면서 빙그레 웃으며 대답했다.

"당회 빼고는 다 좋아합니다."

뼈 있는 농담이 아닐 수 없다.

당회를 할 때 어려운 문제가 있다. 중요한 안건에 대해서 장로들끼리 미리 소당회를 하고 의견을 모아 당회에 들어오는 경우이다. 수적으로 목사는 한 명이다. 물론 헌법에는 모든 장로가 뜻을 모아도 의장인 목사가 가결하지 않을 권한이 주어져 있다. 그럼에도 불구하고 미리 장로들이 뜻을 모아서 당회에 들어오면 목사와 대결구도가 되고, 그렇게 될 때 당회는 늘 불협화음이 생기기 마련이다. 그렇기에 장로는 숫자로서 목사의 비전을 막으려 해서는 안 된다.

당회를 할 때 또 다른 어려움이 있다. 내 생각이 최고라고 생각하는 사람, 자기주장을 굽히지 않고 끝까지 고집하는 사람이다. 바울은 장로가 "제 고집대로 하지 말아야 한다"고 말한다(딛 1:7). 당회에서 어떻게 해서라도 자기주장을 관철시키려고 하는 장로가 있다. 자기주장은 무조건 관철되어야 하고, 다른 사람들의 주장은 일고의 가치도 없다는 안하무인형이다. 심지어 자기주장에 동조하지 않으면 적으로 간주한다. 당회에서 내 편, 네 편이 어디 있는가? 때로는 생각이 같을 수도 있고 때로는 다를 수도 있지 않은가? 그런데 내 주장을 따르지 않으면 무조건 다른 편이라고 생각한다.

선진국형 회의문화는 회의장에서 때로는 심하게 자기주장을 펼칠지라도 회의장을 나올 때는 모두가 웃으면서 나온다고 한다. 그런데 한국형 회의문화는 회의할 때 의견충돌이 난 것이 회의장 밖에서도 적군이 되어버린다. 내 생각과 주장이 소중하고 일리가 있다고 생각하면 다른 사람들의 생각과 주장도 일리가 있다고 생각해야 한다. 자기주장만 옳다고 생각하면 억지를 부리게 되고 자기주장이 관철되지 않았을 때 섭섭한 마음이 들게 된다.

당회를 하다 보면 감정 조절이 되지 않는 경우를 본다. 회의는 늘 서로의 의견이 충돌을 일으키기 마련이다. 그러다 보면 언성이 좀 높아지기도 한다. 서로의 주장이 강하게 나타나기도 한다. 그러나 그것도 정도껏이어야 한다. 분한 감정을 참지 못해서 인신공격을 하고 불쾌한 언사를 일삼는다면 그것을 당회라고 할 수는 없을 것이다. 그래서 어느 목사님은 당회장에게 언성을 높이거나 당회 분위기가 좀 험악해진다 싶으면 아예 당회를 종료하고 일어난다고 한다.

서글픈 일이 아닐 수 없다. 거룩하고 아름다운 직분을 맡은 자들이 함께 하는 회의에서 상상하기 힘든 일이다.

우리가 감정을 조절하지 못하고 성을 내서 얻을 것은 없다. 그래서 사도 야고보는 "사람이 성내는 것이 하나님의 의를 이루지 못함이라"(약 1:20)고 경고하고 있다. 감정과 분노를 조절할 줄 아는 사람은 성을 빼앗는 장수보다 더 위대하다. 성숙한 사람은 자기 안에서 일어나는 감정을 조절한다. 부정적인 감정이 일어난다고 다 화를 내고 싸운다면 세상은 싸움판이 되고 말 것이다. 하나님의 영광은 다 가려질 것이다. 부정적인 감정은 성령 안에서 소화하고 말씀으로 잘 다스려야 한다. 주님이 주시는 온유하고 겸손한 마음을 품으면 결코 기분에 따라 살지 않을 것이다.

그런 반면 아주 덕스럽고 지혜로운 장로가 있다. 듣기는 잘하고 말하기는 더디 하는 사람이다. "내 사랑하는 형제들아 너희가 알지니 사람마다 듣기는 속히 하고 말하기는 더디 하며 성내기도 더디 하라"(약 1:19). 사람들은 말하기를 좋아한다. 그러나 말을 많이 하면 실수가 많은 법이다. 그렇기에 지혜자는 자기 말은 줄이고 다른 사람들의 말을 잘 들어준다. 덕스러운 장로는 항상 듣는 귀를 열어 둔다. 만약 다른 사람들의 말에 귀를 닫는다면 그들 역시 귀를 닫아 버리고 결국 대화의 문이 닫힐 것이다. 지혜로운 장로는 다른 사람들의 말을 들으면서 적절하게 공감해주고 적극적으로 경청한다.

당회에서 자신의 의사를 표시할 때 자신의 생각과 감정을 정당한 방법으로 표현해야 한다. 당회는 건전한 커뮤니케이션을 전제로 한다. 자기의 생각이나 의사를 마음껏 표현할 수 있어야 한다. 이때 상대방이 알아들을 수 있도록 쉽고 정확하고 조리 있게 설명해야 한다. 당회를 하다 보면 서로 커뮤니케이션이 되지 않는 경우가 있다. 자기주장을 펼치기 마련이다. 그러나 상대방의 감정을 자극하지 않도록 조심해야 한다. 지나치게 흑백논리를 가지고 접근하면 대화가 되지 않기에 장로는 편협하고 자기중심적인 사고를 버려야 한다.

장로는 여론에 항시 귀를 열어 두어야 한다. 주변 교인들의 말에 귀를 닫으면 독선적인 사람으로 전락하고 만다. 그러나 여론에 휘말리지는 말아야 한다. 교회가 여론을 무시하지 않아야 하지만 여론 중심으로 치달아서도 안 된다. 하나님의 뜻이 무엇인지 분별해야지 사람들의 이야기를 좇아가서는 안 된다. 교회에는 늘 여론 몰이를 하는 사람들이 있기 마련이다. 좋은 여론이 아니라 교회적으로 덕이 되지 않는 부정적인 여론을 형성해서 교회를 어지럽히는 교인들이 있다. 이런 교인들은 장로를 자신의 여론 몰이에 개입시킨다. 그때 장로는 교회의 덕을 위해 여론을 만드는 사람들을 단호하게 잠재워야 한다.

어느 교회에서는 당회의 권위주의를 탈피하기 위해 교회 건축을 하면서 당회실과 당회석 구조를 아예 바꾸기도 했다. 아예 당회실을 없애고 회의실로 만들었다. 당회가 열릴 때만 당회실이지, 그 외에는 어떤 부서라도 회의실로 활용하도록 만들었다. 그뿐만 아니라 당회실 책상과 의자도 마찬가지다. 대부분의 교회를 보면 당회의 권위를 대변이라도 하듯이 당회실 책상과 의자가 국회의 책상과 의자 식으로 되어 있다. 그런데 그 교회는 일반 사무실에서 흔히 볼 수 있는 업무용 책상과 의자로 바꾸었다.

## 아름다운 생활로 덕을 보이라

요셉은 하나님과 함께하는 사람이었다. 하나님의 임재 속에 사는 그의 삶은 일상생활에서 그대로 나타났다. 그의 성품에서 하나님의 성품을 읽을 수 있었고, 그의 말에서 하나님의 음성을 느낄 수 있었으며, 그가 취하는 태도나 행동에서 하나님이 어떤 분인지 알 수 있었다.

경건은 숨길 수 없다. "누구든지 스스로 경건하다 생각하며 자기 혀를 재갈 물리지 아니하고 자기 마음을 속이면 이 사람의 경건은 헛것이라. 하나님 아버지 앞에서 정결하고 더러움이 없는 경건은 곧 고아와 과부를 그 환난 중에 돌보고 또 자기를 지켜 세속에 물들지 아니하는 그것이니라"(약 1:26-27). 참된 경건은 생활속에서 그대로 나타난다. 의지할 곳 없는 사회 약자들을 돌볼 줄 알아야 한다. 세상의 흐름을 따라 세속화의 급물살에 휘말리지 말아야 한다. 자신의 마음과 생각을 거룩히 지킬 줄 알아야 한다. 덕이 있는 장로는 자신의 경건을 생활속에서 사람들에게 나타내야 한다. 왜냐하면 말하는 것을 보고 생각하는 것을 들으면 그 사람의 경건을 어느 정도 가늠할 수 있기 때문이다.

나는 교회 중직자들에게 늘 강조하는 것이 있다. "중직자는 교회의 얼굴 마담과 같다." 기업이나 국가의 모델은 아무나 내세우지 않는다. 교회 역시 마찬가지다. 장로는 교회의 얼굴이자 모델이다. 장로를 보면 그 교회 수준이나 분위기를 가늠할 수 있다. 그렇기에 스스로 교회의 이미지를 실추시키지 않도록 조심해야 한다. 자주 듣는 이야기가 있지 않는가! "난 장로에게 상처를 받아서 절대 교회에 나가지 않을 것이다!" 회사나 가정이나 이웃 관계에서 덕을 끼치지 못할 때 교회 부흥의 길은 막히게 된다.

장로의 입에서 세상 사람들도 사용하기를 꺼리는 상스러운 말들이 툭툭 튀어 나온다면 그는 장로의 자격이 없다. 말은 인격이자 영적 수준을 대변한다. 장로쯤 되면 말이 달라야 한다. 장로의 입에서 육두문자가 나오거나 저속한 말들이 나온다면 자신의 경건을 돌아봐야 한다. 장로는 적어도 '해야 할 말'과 '하지 말아야 할 말'쯤은 분별할 줄 알아야 한다. 어느 교회의 장로는 가는 곳마다 교역자를 비난하고 험담하는 말들을 일삼는다. 노회에 가면 노회원들을 붙잡고 자기 교회 담임목사를 비난한다. 교회에서는 교인들이 있는 곳에서 공공연하게 교역자들을 헐뜯는다. 과연 그 말을 듣는 사람들이 그 장로의 자격을 의심하지 않겠는가? 나쁜 것을 보고도 좋게 말하는 장로가 있는가 하면, 좋은 것을 보고도 나쁘게 말하는 장로가 있다. 그러나 그들이 교회나 교인들에게 미치는 영향력은 판이하다. 덕이 있는 장로는 비난과 험담과는 이별해야 한다.

덕이 있는 장로는 보는 것이 달라야 한다. 같은 눈을 가졌어도 '좋은 것'을 보는 사람이 있는가 하면 '나쁜 것'만 골라서 보는 사람도 있다. 이스라엘 열두 정탐꾼이 가나안 땅을 돌아다니면서 많은 것을 듣고 보았다. 그러나 그들이 하는 보고는 정반대였다. 덕스러운 장로는 가능하면 좋은 면만 본다. 나쁜 면은 보더라도 이해하고 덮어 버린다. 그러나 덕스럽지 못한 장로는 좋은 것은 보지 않고 나쁜 면만 바라본다. 좋은 것을 보아도 나쁘게 해석한다. 왜 그럴까? 영적인 눈이 병들었기 때문이다. 왜 영적인 눈이 병드는가? 마음과 영혼이 병들었기 때문이다. 덕이 있는 장로가 되려면 마음과 영혼이 병들지 않도록 자신의 영성을 잘 관리할 줄 알아야 한다. 장로는 나쁜 것을 보더라도 혼자 소화할 수 있는 능력을 갖춰야 한다.

덕이 있는 장로는 돈 쓰는 것이 다르다. 장로는 돈을 쓸 줄 알아야 한다. 그래야 함께 일하는 교인들을 신나게 봉사하도록 만들 수 있다. 앞장 선 장로가 자기 지갑을 열지 못하면 교인들도 인색해진다. 어떤 이들은 "교회 돈은 눈먼 돈이다"라고 말한다. 그럴 수 있다. 그런 사람들은 교회 돈을 자기 마음대로 쓰려고 한다. 교회 돈을 쓰면서 자기가 생색을 낸다. 자기 지갑에서 나가는 돈은 아깝고 교회 돈은 아까운 줄 모른다.

그렇다고 교회 돈을 제대로 쓸 줄 모르는 장로가 되어서도 안 된다. 사실 교회 재정을 너무 아끼는 짠돌이 장로는 믿음이 없는 것이다. 교회 재정은 쓰면 쓸수록 샘솟듯이 나온다. 사실 재정이 없으면 할 것도 하지 못한다. 그렇기에 교회 재정을 다루는 장로는 명분이 있다면 아낌없이 쓸 줄도 알아야 한다. 어느 교회에는 교역자 재정을 지나치게 깎는 깍쟁이 장로가 있다. 교역자에게 돈이 들어가는 것은 눈뜨고 보지 못한다. "교인들이 어떻게 드린 헌금인데…"라고 하면서 사사건건 시비를 건다. 그러나 교역자로 하여금 신나게 사역하게 하려면 교역자에 대한 합당한 예우를 해야 한다.

"곡식 떠는 소에게 망을 씌우지 말지니라"(신 25:4). 소를 부려 먹으려면 배불리 먹여야 한다. 대우를 제대로 받지 못하는 교역자는 사역을 즐겁게 하지 못한다. 그것을 구태여 속되다고 표현할 필요는 없다. 본인이 회사에서 대우받는 것을 생각해보면 같은 원리가 아니겠는가? 자신을 대우해주지 않는 회사를 위해 밤을 새워가며 충성하고 싶은가? 영적인 세계에서도 마찬가지다. 경제적인 문제로 인해 신경 쓰지 않고 신나게 사역할 수 있도록 교역자의 복지를 살펴주어야 한다. 사명감 하나만으로 견디기에는 사회가 그리 녹록치 않지 않은가!

덕이 있는 장로는 스스로 법과 질서를 잘 지킨다. 교회는 하나님의 법으로 다스려지고 질서 속에 운영되어야 한다. 세상의 법뿐만 아니라 하나님의 말씀의 법 안에서 살아야 하고 성령의 법 안에서 행해야 한다. 때로는 세상의 법에 저촉되지 않더라도 더 엄격한 하나님의 법을 따라 살아가야 한다. 장로가 되어서 스스로 법을 지키지 않고 질서를 지키지 않는다면 교인들에게 덕이 되지 않을 뿐만 아니라 치리자로서 바른 치리를 할 수 없다. 나도 지키지 않는 법과 질서를 누구에게 지키라고 가르칠 수 있겠는가? 그렇기에 장로는 교인들보다 법과 질서를 더욱 엄격히 지켜야 한다.

덕이 있는 장로는 목회자의 디딤돌로 섬기지 걸림돌이 되지 않는다. "유대인에게나 헬라인에게나 하나님의 교회에나 거치는 자가 되지 말고"(고전 10:32). 하나님의 사람들은 남에게 해를 끼치고 다른 사람들을 넘어지게 만들어서는 안 된다. 장로는 목회자의 디딤돌 역할을 해야 한다. 목회를 잘할 수 있도록 환경을 조성해주고 걸림돌을 제거해주어야 한다. 목회자의 어려움이 무엇인지 살피고 필요를 채워주어야 한다. 그렇지 않고 매사에 사사건건 간섭하고 문제제기를 하면서 목회의 걸림돌이 된다면 장로라는 직분을 성실히 수행하지 못하는 것이다. 장로는 목회의 동역자이자 협력자이지 감독자나 훼방꾼이 아니다. 교인들은 장로들이 목회자의 디딤돌이 되는지 걸림돌이 되는지 다 알고 있다. 그렇다면 교인들은 어떤 장로를 존경하겠는가?

덕을 세우는 장로가 되려면 매사에 사랑으로 행해야 한다. "지식은 교만하게 하며 사랑은 덕을 세우나니"(고전 8:1). 인간이 축적하는 지식은 사람을 교만하게 만들 가능성이 높다. 교만한 사람은 자기 자랑을 하고 잘난 체를 잘한다. 그들은 덕을 끼치기보다는 아픔과 상처를 만든다. 그러나 사랑은 덕을 세운다. 사랑은 다른 사람의 허물을 덮어주는 감동을 만든다. 사랑은 분위기를 아름답고 평화롭게 만든다. 장로는 모든 일에 사랑으로 화평을 도모하고 덕을 세우기 위해 힘써야 한다. "그러므로 우리가 화평의 일과 서로 덕을 세우는 일을 힘쓰나니"(롬 14:19).

장로는 순종으로 교회에 본을 보여야 한다. 우리가 잘 알고 있는 이야기가 있다. 민족 지도자 조만식 장로는 주기철 목사가 담임하는 교회의 시무장로였다. 조만식 장로가 오산학교에서 교장으로 있을 때 주기철 목사는 오산학교의 학생이었다. 그러니 주기철 목사는 조만식 장로의 제자인 셈이다.

어느 주일이었다. 조만식 장로님이 예배시간이 지나도록 손님과 이야기를 나누다가 교회에 늦게 들어왔다. 조심스럽게 기어들어오다시피 하는 조만식 장로님을 본 목사님은 설교를 하다가 멈추면서 말했다.

"조 장로님, 오늘은 의자에 앉지 마시고 서서 예배를 드리세요!"

결국 장로님은 그대로 서서 예배를 드렸다. 설교를 마친 목사님은 이렇게 말했다.

"서 계시는 조 장로님, 기도해주세요."

그러자 조만식 장로님은 이렇게 기도했다.

"하나님, 저의 죄를 용서해주옵소서. 거룩한 주일에 하나님을 만나는 것보다 사람을 만나는 일을 더 중요시한 죄를 용서하옵소서."

자존심과 인격이 짓밟힌 조 장로님은 얼마나 울화통이 터졌겠는가? 그러나 그분은 얼굴을 붉히지도 않았고 화를 내면서 목사에게 대들지도 않았다. 뒤돌아서서 목사를 비난하지도 않았다. 그의 겸손과 순종의 모범은 오고가는 한국교회에 아름다운 장로의 모델로 전해지고 있다.

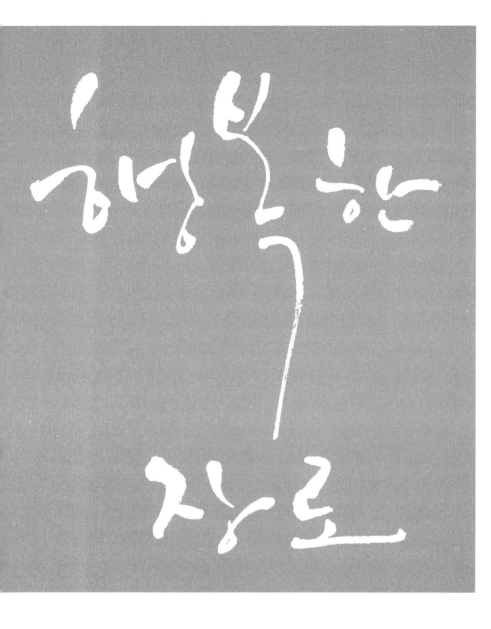

환상적인 목회 동역자가 되라

장로는 함께 꿈을 꾸고 함께 비전을 이뤄야 할 동역자이다.
하나님은 목사로 하여금 꿈을 꾸게 하신다.
장로는 그 꿈을 함께 꾸는 자이며 협력해서 성취하는 사람이다.

서울에 한 대형교회가 있다. 그 교회는 6년 전에 담임목사의 스캔들로 한 차례 큰 어려움을 겪었었다. 후임을 청빙하면서 교회는 민주적인 방식으로 운영하기 위한 교회 정관을 만들었다. 거기에는 "6년 후에 담임목사 재신임투표를 한다"라고 규정해 놓았다. 담임목사를 청빙한 후 6년이 지났다. 담임목사 청빙을 둘러싸고 교회가 다시 어지럽게 되었다. 담임목사를 지지하는 쪽에서는 "장로들도 재신임투표를 물어야 한다"고 주장하기 시작했다.

결국 담임목사의 재신임을 묻는 투표를 했다. 그런데 그 과정에서 합법에 대한 시비가 엇갈렸다. 담임목사를 지지하는 교인들은 장로들을 질책했고, 장로들은 문제를 다 매듭짓고 나면 백의종군할 의향이 있다고 교인들에게 호소했다. 결국 교회 안에서 해법을 찾지 못한 채 사회 법정에 서게 되었다. 아직까지 그 교회는 목사직무 집행 정지 가처분신청을 해놓고 분쟁을 일삼고 있다.

장로는 목회 동역자인가, 암적 요소인가? 장로는 목사와 한 팀인 가, 적인가? 대답은 자명하다. 목회 동역자이자 한 팀이다. 대한예 수교장로회 헌법 정치 제5장 1조에 장로직의 기원에 대해 이렇게 설 명한다. "율법시대에 교회를 관리하는 장로가 있음과 같이 복음시대 에도 목사와 협력하여 교회를 치리하는 자를 세웠으니, 곧 치리장로 이다." 4조에서도 장로의 직무에 대해서 이렇게 설명하고 있다. "치 리장로는 교인의 택함을 받고 교인의 대표자로 목사와 협동하여 행 정과 권징을 관리하며, 지교회 혹은 전국 교회의 신령적 관계를 총 찰한다." 목사와 장로는 협력하는 관계이다. 그렇기에 장로는 목사 와 잘 협력해야 한다.

건강한 교회는 목사와 장로 간에 팀워크가 잘 이뤄진다. 그러나 건강하지 못한 교회는 목사는 장로를 휘어잡으려 하고, 장로는 목사 를 견제하고 감독하려고 한다. 그래서 사사건건 목회에 간섭하고 비 토를 일삼는다. 결국 교회는 가야 할 방향을 잡지 못한 채 표류하게 된다. 이렇게 될 때 장로는 교회 부흥과 목회에 암적인 존재로 전락 한다. 그렇다면 어떻게 장로가 아름다운 목회 협력자이자 동역자가 될 수 있는가?

# 목사의 비전을 공유하라

사도 바울은 분열을 일삼고 있는 고린도 교인들에게 신신당부한다. "형제들아 내가 우리 주 예수 그리스도의 이름으로 너희를 권하노니 모두가 같은 말을 하고 너희 가운데 분쟁이 없이 같은 마음과 같은 뜻으로 온전히 합하라"(고전 1:10).

바울은 예수 그리스도의 이름을 걸고 아주 진지하고 엄숙하게 간청하고 호소한다. 고린도 교인들이 "온전히 합하라"고 부탁한다. "온전히 합하라"는 말은 어떤 것을 올바른 상태로 회복시키는 것, 그물을 수선하는 것, 신앙의 부족함을 채우는 것을 의미한다. 교회가 찢어지고 갈라져서는 안 된다. 한 형제 된 자들이 분열을 일삼아서는 안 된다. 틈이 생겨서야 되겠는가? 옷이 찢어져서야 쓰겠는가? 의견이 갈라져서야 되겠는가? 몸이 조화를 이루지 못해서는 안 된다. 바울은 교회가 분쟁이 없기를 간청했다.

분쟁 없이 온전한 연합을 이루기 위해서는 같은 말을 하고, 같은 마음을 가져야 하며, 뜻을 같이해야 한다. 뜻을 같이한다는 것은 같은 비전을 갖는 것을 말한다. 하나의 비전을 가질 때 연합을 이룰 수 있다. 장로와 목사가 같은 비전을 가질 때 교회는 연합의 기쁨을 누릴 수 있다. 일반적으로 교회를 개척하면 목회자의 비전에 따라 교회가 움직인다. 그러나 오래된 교회에 후임 목회자가 청빙되면 그 교회에서는 기존에 갖고 있던 전통과 틀을 고수하려고 한다. 그러다 보니 청빙된 목회자가 품고 있는 비전과 충돌하며 교회가 분열되고 다툼이 일어나는 것이다.

전통교회에 속한 많은 장로는 "우리 교회에 부임했으면 우리 교회에 맞추라"고 요구한다. 물론 교회의 유익한 전통과 문화는 발전시켜 나가야 한다. 그러나 만약 목사가 교회의 틀에 매여서 목회를 한다면 그 목사의 존재 자체가 무엇이란 말인가? 하나님은 그리스도의 몸인 교회를 세우기 위해 한 사람의 목회자를 보내주셨다. 그리스도의 몸 된 교회를 그 목회자에게 위임했을 때는 하나님의 계획이 분명히 있기 마련이다.

하나님은 모세를 이스라엘을 이끌 지도자로 세우기 위해 오랜 세월을 준비하셨다. 애굽의 궁정에서 공주 아들의 신분으로 40년 동안 최고의 교육을 받게 하셨다. 당시 애굽은 고대 문명 발생지로 세계적인 전통과 문화를 가진 민족이었다. 그런 궁중에서 모세는 왕자로서 교육을 받은 것이다. 그것도 부족하여 하나님은 모세를 미디안 광야로 내보내 목자로서 양을 돌보고 지키는 훈련을 40년 동안 추가로 받게 하셨다. 그렇게 준비된 모세를 하나님은 부르시고 모세의 남은 40년을 이스라엘의 지도자로 세우셨다.

마찬가지로 하나님은 한 사람의 목사를 훈련하여 준비시키신다. 그리고 한 교회를 그에게 위임시켜 그를 통해서 그 교회를 움직일 계획을 세우신다. 그의 경험과 학식과 재능과 은사를 총동원해서 하나님이 다스리는 교회를 위임받아 섬기도록 하신 것이다. 그렇기에 목회자가 가진 성향과 비전은 매우 중요하다. 그것을 통해서 하나님이 맡기신 교회를 이끌어 갈 것이기 때문이다.

담임목사는 지휘자와 같다. 지휘자는 단원들이 가진 재능과 능력을 끌어내 아름다운 하모니를 창출한다. 마찬가지로 목사는 교인들이 가진 하나하나의 은사들을 하나로 묶어 아름다운 향기를 품기는 교회가 될 수 있도록 새로운 하모니를 창출할 것이다. 거기에는 목회자의 비전이 작용한다. 목회자의 비전은 교회가 나아갈 방향을 제시한다. 그리고 당회와 온 교인이 협력하여 그 방향을 향해 힘차게 전진할 수 있도록 구심점을 제공한다.

그런데 목사가 자신의 목회 비전도 없이 교회에 주어진 틀을 따라 목회를 해야 한다면, 목회자 본인에게도 불행한 일이자 교회적으로도 어리석은 일이다. 현대 목회는 목회 컬러(color)가 요청된다. 목회자마다 나름대로 자신의 목회 철학에 근거한 목회적 소신을 갖고 있다. 제자훈련, 가정사역, 상담목회, 스포츠목회, 문화사역, 복지사역, 중보기도사역, 알파코스, 셀 중심의 교회 등. 물론 그것은 성경적인 것이어야 하고 성경에 근거한 바른 목회 철학에서 나와야 한다. 교회는 목회자의 소신과 목회 컬러를 존중해주어야 한다. 그리고 교회의 모든 힘을 거기에 집중해야 한다.

교회마다 목사에게 '소신 있는 목회'를 하기 원한다. 만약 목사가 교인을 기쁘게 하기 위해서 교인들의 비위를 맞추는 목회를 한다면 어떻게 되겠는가? 그래서 바울은 갈라디아 교인들에게 이렇게 말했다. "이제 내가 사람들에게 좋게 하랴 하나님께 좋게 하랴 사람들에게 기쁨을 구하랴 내가 지금까지 사람들의 기쁨을 구하였다면 그리스도의 종이 아니니라"(갈 1:10). 목사는 모름지기 하나님의 종으로 살아야 한다. 하나님의 종으로서 목사는 성경에 입각한 소신을 갖고 목회를 해야 한다.

그런데 교회의 틀에 맞추라니? 교회의 전통을 따라야 한다니? 그렇다면 어떻게 소신 있는 목회를 할 수 있겠는가? 개혁교회는 끊임없이 개혁되어야 한다. 교회는 변화가 필요하다. 교인들도 변화를 원한다. 그런데 정작 당회는 변화를 두려워한다. 제도권으로 들어오면 기득권을 포기하는 것이 쉽지 않다. 변하지 않는 물은 썩듯이 변화를 추구하지 않는 교회도 경화증에 걸린다. 예수님이 하시는 말씀을 들어보라. "새 포도주를 낡은 가죽 부대에 넣지 아니하나니 그렇게 하면 부대가 터져 포도주도 쏟아지고 부대도 버리게 됨이라. 새 포도주는 새 부대에 넣어야 둘이 다 보전되느니라"(마 9:17). 새 포도주는 새로운 가죽 부대에 담아야 하듯이 새로운 목회자가 부임하면 교회는 변화를 가져올 준비를 해야 한다. 그런데 그 변화를 수용하는 것이 쉬운 일은 아니다.

더구나 소신 있는 목회자가 되기를 원하면서도 정작 "나에게는 비위를 맞추라"고 강요하는 장로들도 있다. 다른 사람들에게는 소신을 발휘하더라도 자신에게는 비위를 좀 맞춰달라는 것이다. 만약 목사가 어떤 사람의 비위를 맞추는 목회를 한다면 교회가 나아가야 할 방향을 상실하고 만다. 과연 어느 장로에게, 어느 교인에게 맞춰서 목회를 해야 하는가? 교회의 전통도 중요하고 문화도 중요하고 내규도 중요하다. 그러나 교회는 성경에 근거한 목회자의 목회 철학과 비전을 존중해야 한다.

장로는 목사와 함께 꿈을 꾸어야 한다. 목사가 하나님 앞에서 품은 꿈을 이루기 위해 장로는 적극적인 협력자가 되어야 한다. 장로는 목사의 비전을 대항하는 적이 아니다. 함께 꿈을 꾸고 함께 비전을 이뤄야 할 동역자이다. 하나님은 목사로 하여금 꿈을 꾸게 하신다. 장로는 그 꿈을 함께 꾸는 자이며 협력해서 성취하는 사람이다.

전통 목회 방식이 있는가 하면 현대적인 목회 방식도 있다. 대그룹 중심에서 소그룹 중심의 사역으로 전환하고, 정적인 목회에서 동적인 목회로 나아가고 있다. 교회 중심의 목회에서 지역으로 나아가는 목회를 지향한다. 복음은 바뀌지 않지만 복음을 담는 문화의 그릇은 항상 시대에 따라 변해야 한다.

현대사회에서 교회는 심방목회에서 훈련목회로 전환하고 있다. 물론 심방이 불필요하다는 것은 아니다. 심방도 목회에 있어서 아주 소중한 영역이다. 그러나 현대사회는 심방을 하는 데 많은 한계를 갖고 있다. 심방을 해서 싸매고 뒤치다꺼리에만 집중하는 것보다 양육과 훈련을 통해 예수 그리스도의 강한 군사로 세우는 일이 더 중요하다. 그래서 현대교회가 젖병목회에서 훈련목회로 전환하고 있는 것이다.

그런데 많은 교회에서 제자훈련을 하지만 정작 제자훈련을 성공적으로 정착시키는 교회는 그리 많지 않다. 제자훈련을 정착시키지 못하는 이유 가운데 하나는 장로가 제자훈련 목회에 협력하지 않기 때문이다. 장로가 되면 제자훈련을 받는 것에 대해서 "이 나이에 제자훈련이라니…"하면서 거부감을 드러낸다. 어느 장로는 "자존심

상한다"고 말하면서 배우고 훈련받는 것에 대해서 강하게 반대하기도 한다.

목회 동역자로서의 장로는 목사가 제시하는 목회 비전을 자랑스럽게 여긴다. 그리고 모든 사역을 목사의 목회 비전을 이루는 데 초점을 두고 협력한다. 그러나 목회를 견제하고 감독하려는 사고를 지닌 장로는 본인이 섬기는 부서 모임에서나 주변 사람들에게 목회 비전에 대해 부정적인 말을 함으로써 교회의 일치됨을 방해하고, 목회 비전에 몰입하는 힘을 빼앗아간다. 그렇기에 장로는 각 부서에서 목사의 목회 철학을 알고 그 비전을 따라 부서를 섬길 수 있도록 앞장서야 할 것이다.


## 목사와 코드를 맞추라

모세에게는 여호수아와 같은 훌륭한 조력자가 있었다. 모세가 어디를 가든지 여호수아는 동행했다. 시내 반도 르비딤 골짜기에서 아말렉이 이스라엘을 침공했을 때 모세는 하나님의 지팡이를 들고 산으로 올라가서 기도했다. 그때 아론과 훌이 모세의 지친 팔이 내려오지 않도록 힘껏 도와주었다. 아론과 훌의 협력은 매우 효과적이었다. 만약 여호수아와 아론과 훌이 모세와 코드를 맞추지 못하고 자기 색깔을 내기 위해 서로 다퉜다면 모세는 승리를 만들어내지 못했을 것이다.

그런데 여호수아가 자신은 전쟁터에 나가 직접 목숨을 건 사투를 벌이는데, 모세는 안전한 곳에서 사역한다고 불평을 늘어놓았다면 어떻게 되었을까? 그리고 전쟁터에 나가지 않았다면 어떻게 되었을까? 아마 이스라엘은 전쟁에서 패했을 것이다. 결국 이들은 동일한 목표를 이루기 위해 협력한 협동작전으로 아말렉을 물리칠 수 있었던 것이다. 또한 여호수아에게는 갈렙과 같은 훌륭한 동역자가 있었다. 갈렙은 여호수아와 동력하면서 항상 어려운 일이나 죽음의 길은 솔선수범하는 미덕을 보였다. 항상 여호수아를 격려하고 위로해 줌으로써 여호수아로 하여금 큰 사역을 할 수 있도록 만들었다.

바울에게는 바나바와 같은 훌륭한 협력자가 있었다. 바나바는 바울과 비교하면 대선배였으며 바울이 예루살렘 지도자들과 교제를 나눌 수 있도록 주선해준 사람이다. 바나바는 바울이 다소에 숨어 있을 때 다소로 찾아가서 바울을 데리고 와 안디옥교회에서 함께 사역을 했다. 그리고 안디옥교회의 부흥을 일궈냈다. 알고 보면 바울이 바울 되게 만든 사람이 바로 바나바였다. 그러나 그는 2인자의 영광을 거부하지 않았다. 바나바는 바울과 코드를 맞추기 위해 노력했으며 항상 그림자처럼 자신을 드러내지 않았다.

목사가 좋은 목사가 되려면 이렇게 좋은 협력자인 장로가 있어야 한다. 어느 목사님은 자기 교회 장로님 한 분은 당회나 모임이 있을 때마다 항상 이렇게 말씀하시면서 목회에 힘을 보태주신다고 말한다.

"목사님은 목회 전문가입니다. 그리고 우리와 문제를 상의할 때도 항상 기도로 준비하시니 우리는 마땅히 아멘으로 협력하여 주의 일을 열심히 하는 것이 좋습니다."

그러니 다른 사람들이 무엇이라고 하겠는가? 장로님은 늘 "주의 일은 아멘하고 실천에 옮기면 무슨 일이든지 된다"고 하면서 긍정적이고 적극적인 방향으로 이끌어가신다. 그래서 어떤 교인들은 이렇게 비난하기도 한다.

"장로님은 목사님의 의견에 너무 맹종하는 것이 아닙니까?"

그럴 때마다 장로님은 교인들을 설득하신다.

"장로는 목사님을 도와 주의 일을 잘하게 하는 것이 사명입니다."

이 정도 되면 목사가 자랑할 만한 장로가 아니겠는가!

목사와 장로를 부부관계에 비유한다. 목사와 장로가 함께 있으면 화기애애하게 웃고 즐거워야 한다. 그런데 서로 서먹서먹한 관계나 잡아먹지 못해서 으르렁거리는 관계가 된다면 불행한 부부가 아닐 수 없다. 부부관계가 좋아야 가정이 화평하고 즐거운 분위기가 될 수 있다. 만약 부부가 늘 싸우고 긴장관계에 있으면 아이들은 밖으로 나돌게 될 것이고, 집안에는 싸늘한 공기가 감돌 것이다. 잔소리만 늘어놓는 아내가 된다면 곤란하지 않겠는가? 남편은 매사에 아내를 무시해서는 안 된다. 이들은 서로 존중해주고 세워주며 격려하고 협력하는 관계이다. 이들은 함께 있을 때 걸작을 만들 수 있다.

"도둑질을 하려고 해도 손발이 맞아야 한다"고 말하지 않는가? 더구나 거룩한 일을 하는 목사와 장로야말로 서로 마음이 맞아야 한다. 목사는 목사대로, 장로는 장로대로 각기 자기 길을 고집한다면 교회는 어디로 가겠는가? 서로 다를지라도 목사와 장로는 코드를 맞춰야 한다. 그런데 문제는 '누가 그 코드를 맞출 것인가?' 하는 것이다. 목사가 장로에게 코드를 맞추기보다는 장로가 목사에게 코드를 맞추는 것이 좋다. 그렇지 않으면 목사는 여러 장로들의 비위를 맞추기 위해 동분서주해야 할 것이다.

장로에게 찾아오는 유혹이 있다. '이 교회는 내 교회이다. 내가 지켜야지!' 하는 생각이다. 교회를 사랑하는 마음이야말로 소중하고 아름답다. 그러나 그 이면에는 검은 유혹의 손길이 숨어 있음을 알아야 한다. '내 교회'라는 생각이 교회를 휘두르는 주인 자리를 기웃거려 오히려 목회를 어렵게 할 수도 있다. 주인이라는 생각으로 목회에 지나치게 간섭하고 목회자를 마치 감독이나 하려고 해서 목회자로 하여금 소신을 갖고 비전을 펼쳐나갈 수 없게 만든다. '내 교회'라는 주인의식이 목사와의 코드를 맞추는 것을 방해한다면 이미 위험 수위를 넘어 선 것이다.

교회의 행정과 모든 직분은 '목회 지향적'이어야 한다. 교회의 행정은 목회를 지원하기 위해 존립해야 한다. 그렇지 않고 목회에 걸림돌이 된다면 교회 행정이나 직분은 역기능으로 가고 있는 것이다. 어느 교회에서는 교회의 사무장을 장로나 영향력 있는 안수집사를 세워서 어려움을 겪기도 한다. 사무장이 가진 힘 때문에 목회에 지나친 간섭을 받고 교회 안에서 파벌을 형성하게 만드는 빌미를 제공하기도 한다.

더욱이 목사가 새로 부임했을 때 행정을 담당하는 사무실의 파워에 의해 목사가 사무장의 눈치를 보는 경우가 많다. 그것을 방지하기 위해 많은 교회가 아예 외부에서 전문적인 기능을 갖춘 사무장을 공개채용하기도 한다. 어느 교회에서는 행정팀을 분야별로 세분해서 젊은 전문가 그룹으로 하여금 목사의 손발이 되어 행정을 돕도록 만들기도 한다. 그러나 현실적으로 쉬운 일은 아니다.

목사가 목회를 위해 어떤 안을 내놓을 때는 많은 기도와 깊은 묵상 속에 교회의 미래를 바라보면서 제시한다. 그렇다면 장로는 그것을 이루기 위해 협력하고 구체적인 방법을 찾아야 한다. 좋은 장로는 "목사님, 저희가 도와야 할 것이 무엇입니까?"라고 하면서 앞장서서 견인차 역할을 한다. 그런데 많은 경우 당회에서 목사가 제시한 목회 비전을 감독자의 자세로 검토하고, 결국 이런저런 이유로 그 계획을 거부한다. 물론 이런 때에 목사는 좀 더 시간을 두고 당회원을 설득해 나갈 것이다. 그러나 그것이 여러 번 반복될 때 목사는 목회에 대한 활력을 상실하고 말 것이다.


## 목회자의 필요를 살피고 섬기라

브리스길라와 아굴라는 바울에게는 잊을 수 없는 직분자들이다. 남편인 아굴라는 본도 태생의 유대인이고 아내인 브리스길라는 로마 태생으로 명문가문 출신이다. 이들 부부는 복음을 위해 헌신적이고 환상적인 부부였다. AD 52년 크레스투스(Chrestus)의

교사(敎唆)에 의해 유대인들의 소요가 일어나자 글라우디오 황제는 유대인 추방령을 내린다. 이에 이들은 로마에서 고린도로 이주하게 되었다(행 18:2).

이들 부부의 직업은 천막을 짓는 것이었다(행 18:3). 이들 부부는 바울과 같은 직업을 가지고 있었지만 경쟁자가 아니라 함께 거하면서 동업을 했다(행 18:1-3). 사도 바울이 낯선 고린도에 복음을 전하기 위해 갔을 때 이들 부부가 바울을 친절히 영접하여 2년 동안 거처와 일자리를 제공해주었다. 이들은 바울과 더불어 복음을 전했고, 바울이 복음을 전하는 사역을 효율적으로 감당할 수 있도록 모든 필요를 친절하게 채워주면서 헌신적으로 시중을 들어주었다. 바울을 위해서는 자기의 생명을 조금도 아끼지 않는 헌신적인 부부였다. 그뿐만 아니라 성도들이 모일 수 있도록 집을 제공해주었고 믿는 사람들을 집으로 초대해서 그리스도의 사랑을 베풀고 돌아보는 모범적인 일꾼이었다. 그래서 바울은 편지를 쓰면 자주 이들의 이름을 거명하면서 감사한 마음을 전하였다.

내가 섬기고 있는 교회에도 덕스러운 장로님이 계신다. 예전에 직장을 다니다가 정년퇴직을 하고 쉬고 계셨다. 그러던 어느 날, 장로님이 택시 운전을 하겠다고 말씀하셨다.

"장로님 몸으로는 너무 어렵지 않겠어요?"

사실 장로님은 몸이 온전치 못하시다. 거동도 불편한 몸으로 어떻게 운전을 하신단 말인가? 그래서 만류를 했지만 장로님은 "꼭

해야 할 일이 있다"고 하시면서 택시 운전면허를 따고 택시운전을
시작했다.

그러던 어느 날, 목양실로 찾아오셔서 봉투 두 개를 내미셨다.

"목사님, 부족하지만 제가 번 돈인데 목사님이 목양하시면서 필
요한 데 사용해주세요."

선교비와 구제비였다. 그래서 "장로님, 교회로 내셔야지요"라고
만류했다. 그랬더니 장로님은 "목사님이 사역하시다 보면 꼭 필요하
신 데가 있잖아요"라고 하시면서 한사코 되돌려 받기를 거부하셨다.
그래서 늘 그분을 생각하면 감사하고 어디서든 자랑하고 싶어진다.

좋은 장로는 목사에게 필요한 것이 무엇인지 늘 관심을 갖고 살핀
다. 가정에 어려운 문제는 없는지 돌아보고 사역하는 데 도와야 할
일은 없는지 살핀다. 어느 교회 장로님은 담임목사의 아들을 본인이
주선해서 캐나다로 유학보내기도 했다. 물론 거기에 드는 경비는 모
두 자신이 부담하고 말이다.

모름지기 장로는 목회자가 목양을 해 나가는 데 어떤 애로사항이
없는지 늘 살펴서 힘이 되어야 한다. 교인들 때문에 사역에 장애가
있으면 교인들을 찾아가 설득하기도 해야 하며, 어떤 사역을 할 때
재정적으로 부족할 것 같으면 교인들이 모르게 조용히 재정적인 도
움을 주어야 한다. 목사는 바로 이런 양념 같은 장로 때문에 목회에
힘을 얻게 된다.

이미 15년의 세월이 흐른 과거의 일이다. 대구에서 어느 교회를

섬길 때 그 교회에는 고아원을 운영하는 장로님과 권사님이 계셨다. 말없이 묵묵하게 목회자에게 힘을 불어넣고 교회를 든든히 지키는 부부였다. 늘 인자한 웃음을 잃지 않으셨던 분들이다. 이들 부부는 일 년에 한두 차례 교역자와 교회 직원들을 청해서 식사를 대접했다. 나는 그때 처음으로 샤브샤브를 먹어보았다. 어떻게 먹는지 몰라서 곁눈질하며 먹었던 기억이 난다. 어린 소자에게 행한 냉수 한 그릇을 대접해도 기억하시고 보상하시는 하나님께서 이것도 기억하실 것이다.

그러나 "목회자를 대접하면 축복받는다"는 기복주의를 강조하려는 것이 아니다. 사실 교역자를 위한 음식대접 자체가 그렇게 중요한 것은 아니다. 더구나 요즘 시대에는 더욱 그렇다. 그러나 그 마음이 너무나 아름답다. 교역자는 그 마음을 받는다. 그 음식을 대접받으면서 그 가정을 알게 되고 사랑하게 되며 생각하면서 한 번 더 기도하게 된다. 그 사랑의 애찬이 교역자에게 얼마나 큰 힘을 불어넣어주는지 모른다. 그래서 바울은 갈라디아 교인들에게 "가르침을 받는 자는 말씀을 가르치는 자와 모든 좋은 것을 함께 하라"(갈 6:6)고 권면하는가 보다.

어느 교회에서 새로운 교역자를 청빙했다. 사실 목사를 모셔야 할 상황인데 전도사를 청빙하게 되었다. 처음부터 전도사 신분을 밝혔다. 그런데 교회는 그 전도사를 목사라고 불렀다. 그리고 목사가 받는 사례로 예우해주었다. 심지어 그 지역에서 최고의 수준으로 생활비와 목회 활동비를 제공해주었다.

전도사가 미안해하자 장로님이 이렇게 말씀하셨다.

"전에 계시던 분이 목사님이었기에 현재 오신 분이 비록 전도사님이지만 목사님으로 불러야 성도들에게 은혜가 될 것이고, 전도사님께 전에 계셨던 목사님과 동일하게 예우를 해드림으로써 이웃 교회와 지방의 다른 교회에도 모범이 될 수 있습니다."

사실 교회마다 목사의 사례비를 깎기에 급급하지 않는가? 얼마 안 되는 사례비를 가지고 목사의 자존심을 상하게 만든다. 사실 목사의 사례비를 가지고 이러쿵저러쿵 운운하는 교회치고 부흥하는 교회를 보기 힘들다. 부흥하는 교회를 보면 '우리 노회나 이웃 교회에서 우리 교회가 목사님 예우를 제일 잘해 주겠다'는 생각을 가지고 있다. 그런 마음이 목사에게도 느껴지기에 목사는 더 신이 나서 사역을 하는 것이 아닐까?

그런데 목회자의 '진을 빼는 장로'도 많다. 매사에 문제제기부터 하고, 하는 일마다 사사건건 비판적으로 말한다. 모든 일에 긍정적인 면이 있는가 하면 부정적인 면도 있기 마련이 아닌가? 그런데 목회자의 진을 빼는 장로는 나쁜 면만 본다. 좋은 면도 나쁘게 해석한다. 그래서 여기저기서 목회자를 비판하고 문제를 제기한다.

담임목사는 한 교회를 다 섬길 수 없기에 부교역자나 장로에게 부서를 위임해서 함께 사역한다. 부서를 맡은 장로는 목회자의 마음과 정신을 가지고 섬겨야 한다. 즉 담임목사의 협력자, 조력자가 되어야 한다. 그렇기에 장로는 목사의 목회 철학을 바로 이해하고 매사를 목회에 도움이 되도록 사역해야 한다. 장로가 부서에서 사역에 잘 동역해줄 때 교회는 동력이 생기고 부흥이 된다. 그런데 섬기는 부서에서 장로가 목사의 목회를 비판하고 교인들에게 부정적인 영향을 미칠 수 있는 말을 한다면 목사는 장로에게 부서를 위임할 이유가 없을 것이다.

좋은 장로는 늘 목사의 의견을 존중해준다. 비록 자기 생각과 방법에 맞지 않을지라도 목사의 의견을 존중해준다. 교회 문제를 목사만큼 깊이 생각하고 많이 기도하는 사람이 있겠는가! 목사는 자나 깨나 교회 생각으로 가득 차 있다. 교회의 미래를 바라보고, 그러면서도 성경적인 방법인지 고민하면서 일을 처리해 나간다. 그런데 어느 장로는 한 시간도 기도해보지 않고서 너무 쉽게 목사가 제시하는 안건을 "안 된다"고 잘라 말한다.

물론 이론적으로나 합리성에 있어서 '안 된다'는 생각이 들 수도 있다. 그러나 하나님의 일은 특수한 면이 있다. 도저히 안 될 것 같은데도 믿음으로 순종하면 오병이어의 역사가 일어난다. 예수님이 "항아리에 물을 채우라"고 하셨을 때 잔치의 흥을 돋울 수 있는 포도주가 채워질 것이라고 누가 생각이나 했겠는가? 그러나 말씀대로 순종할 때 기적이 일어났다. 여리고성을 돌 때 전쟁을 하는 광경으로는 도저히 불가능한 일이었다. 그러나 하나님이 명령하시는 대로 "예"라고 응답하고 순종했더니 여리고성이 와르르 무너지는 기적이 일어나지 않았던가! 홍해와 요단강이 앞을 가로 막고 있을 때 묵묵한 순종이 바다에 도로를 내는 기적을 만들지 않았던가!

목사가 내놓은 안건에 섣불리 "안 된다"고 말하지 말라. 목사가 시도하는 비전에 함부로 "어렵다"고 말하지 말라. 부정적인 생각과 태도가 일을 가로 막는다. 목사는 그 비전을 위해 많은 생각을 하고 기도를 했다. 그리고 교회의 먼 미래를 바라보면서 고민 끝에 추진하려고 하는 것이다. 그렇다면 설령 어렵다는 생각이 들지라도 장로는 "한번 해 봅시다"라고 한 후에 그 비전을 이루기 위해 협력할 방법을 강구해야 한다. 그것이 바로 아름다운 목회 동역자가 가질 태도이다.

어느 목사님이 쓴 '나쁜 목사, 좋은 교인'이라는 칼럼을 보고 공감한 적이 있었다. 거기에는 이런 내용이 있었다.

"'좋은 목사는 교인들이 만든다'는 말이 있다. 훌륭한 목사가 좋은 교회를 만드는 것은 이상할 것이 없다. 아니, 당연하다. 그런데 목사가 좀 부족함에도 불구하고 성도들이 훌륭하면 얼마든지 좋은 교회를 만들 수 있다. 좋은 교인들은 무엇보다 목사의 약한 면을 보고 참고 견디어준다. 그리고 목사를 위해 끝까지 기도해준다."

그리고 그 칼럼의 끝자락에서 목사님은 부족한 자신을 좋은 목사가 되게 한 교인들에게 감사하는 마음을 전했다.

좋은 장로가 좋은 목사를 만든다. 마찬가지로 나쁜 장로는 나쁜 목사를 만든다. 처음부터 좋은 목사, 나쁜 목사도 있겠지만 장로가 좋은 목사, 나쁜 목사를 만들 수도 있음을 깊이 생각해볼 일이다. 비록 부족하고 보잘것없는 목사이지만 좋은 장로는 좋은 목사가 되게 한다.

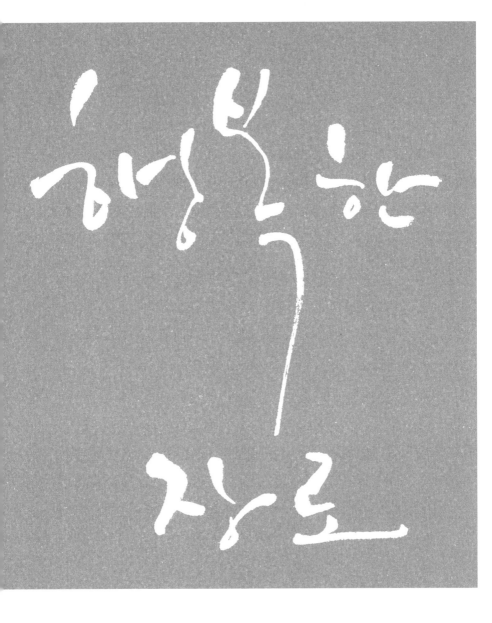

갈등을 넘어 하모니를 창조하라

갈등과 분열, 그리고 다툼의 소용돌이에 빠져 있는가?
그렇다면 이제 한번 스스로 질문해보라.
"과연 누구를 위해, 무엇을 위해 싸우고 있는가?"

얼마 전, 교회문화연구소 소장이자 국민대 겸임교수인 이의용 장로가 쓴 '목사와 장로, 갈등 줄이기'란 글을 읽은 적이 있다. 내용을 정리해보면 다음과 같다.

장로들 모임에 가보면 소속 교회 담임목사 흉을 보고, 목사들 모임에 가보면 장로들 흉을 보는 수가 많다. 그만큼 목사와 장로 간의 갈등은 오래 된 병이다. 이들의 갈등은 교회로서는 크나큰 손실이다. 교회 발전에 쏟아야 할 힘을 상대방의 눈치를 살피고 상대방을 견제하는 데 소모하게 된다.

담임목사가 장로에게서 느끼는 불편한 점은 무엇인가?

- 궂은일은 하지 않고 어른 대접만 받으려 한다.
- 담임목사가 의욕을 갖고 추진하려는 일에 대안도 없이 발목만 잡는다.
- 사소한 일에 토라지고 섭섭해 한다.
- 지나치게 자기 의견만 내세우며 소신을 굽히지 않는다.
- 당회에서 거론된 내용을 여과 없이 교인들에게 전해 문제를 야기한다.
- 장로들끼리 사전에 결정을 하고 당회에서 우세한 수(數)로 밀어붙인다.
- 급변하는 목회환경을 이해하지 못하고 옛날 방식만 고집한다.
- 교회 재정을 자기 돈으로 오해하고 인심을 쓰려고 한다.
- 부교역자나 교우들 앞에서 담임목사의 리더십을 세워주지 않는다.
- 담임목사를 통하지 않고 부교역자들에게 직접 일을 지시하거나 꾸중한다.
- 일정한 직업 없이 평일에도 교회로 출근하여 목회 전반에 대해 간섭한다.
- 교회에서 자기실현을 성취하려고 한다.

그렇다면 장로들이 담임목사에게서 느끼는 불편한 점은 무엇인가?
- 중요한 문제를 혼자 결정한다. 장로들은 주보의 광고를 보고서야 알게 된다.

- 교회 일을 부교역자들과 상의해서 처리한다.
- 장로들에게 재량권을 주지 않는다. 장로가 처리한 일을 담임목사가 자주 뒤집는다.
- 교우들 앞에서 장로의 리더십을 세워주지 않는다.
- 권위주의에 빠져 장로나 교인들에게 경어를 쓰지 않는다.
- 어떤 문제에 대해 일관성이 없다.
- 교회 재정 지출 절차와 원칙을 무시하고 재정 사용에 지나치게 영향력을 행사한다.
- 교회 재정 사용에서 공과 사를 구분하지 않는다.
- 고급 승용차를 타고 고급 음식점과 골프장을 출입한다.
- 다른 교회에 자주 설교하러 간다. 외부 강사를 너무 자주 초청한다.
- 선교란 이름으로 해외여행을 자주한다.
- 노골적으로 사례비 인상을 요구하고 변칙적인 비용 지출을 요구한다.
- 장로들에게 시무 경쟁을 시키고 그 실적으로 교회 내 입지를 보상해준다.
- 노회나 총회 정치에 많은 시간과 돈과 관심을 쏟는다.
- 일반 교인 심방은 소홀히 하면서 유력한 특정 교인과는 자주 접촉한다.
- 장년목회는 소홀히 하면서 청소년과 청년목회에만 관심을 쏟는다.

- 설교 내용과 방식에 발전이 없고 목회 방식이 구태의연하다.
- 담임목사 측근이나 재력가를 장로로 뽑게 영향력을 행사한다.
- 교회 규모가 커짐에도 장로를 더 세우지 않는다.

이의용 장로의 글을 읽으면서 몇 가지 의문이 생겼다. "목사와 장로가 왜 이런 관계가 되었는가? 서로를 불신과 증오의 눈으로 바라보아야 하는가? 갈등을 넘어 하모니를 이루고, 신뢰와 사랑의 눈으로 바라보면서 하나님 왕국을 섬기는 동역자로 설 수 없는가?" 이 장에서는 갈등을 넘어 하모니를 창출할 수 있는 방법을 모색해보자.

## 갈등을 조장하는 장본인이 되지 말라

고린도교회는 영적인 은사가 풍요로웠던 교회였다. 그러나 한편으로는 많은 문제를 안고 있던 교회였다. 성찬의 문제, 은사와 관련된 문제, 결혼과 음행에 대한 문제, 바울의 사도직에 대한 의구심, 우상에게 바친 제물에 대한 문제, 법정 소송과 관계된 문제 등. 그 가운데 가장 심각한 문제는 아마 교회 내의 분쟁일 것이다.

고린도교회 안에는 바울파, 아볼로파, 게바파, 그리스도파와 같은 분쟁이 있었다. 그 소식을 들은 바울은 가슴이 아팠다. 그래서 고린도 교인들에게 "모두가 같은 말을 하고 너희 가운데 분쟁이 없이 같은 마음과 같은 뜻으로 온전히 합하라"(고전 1:10)고 권면한다.

교회 개척자인 바울을 추종하는 무리, 탁월한 설교가로 교회에 영향을 끼친 아볼로, 예루살렘교회의 수장인 베드로, 소위 그리스도를 따른다는 사람들의 무리 등. 이들은 같은 교회 내에서 서로 얼굴을 붉히고 자기주장만 하면서 갈등하고 있었다. 바울이 고린도교회를 바라볼 때 세월은 흘렀으되 영적 성장이 없는 영적 어린아이와 같은 느낌이었다. 그들은 육신에 속한 자로서 시기와 분쟁에 휘말려 있었다. 그래서 바울은 분쟁이 합당치 못함을 이렇게 강조한다.

"너희는 아직도 육신에 속한 자로다. 너희 가운데 시기와 분쟁이 있으니 어찌 육신에 속하여 사람을 따라 행함이 아니리요. 어떤 이는 말하되 나는 바울에게라 하고 다른 이는 나는 아볼로에게라 하니 너희가 육의 사람이 아니리요. 그런즉 아볼로는 무엇이며 바울은 무엇이냐. 그들은 주께서 각각 주신 대로 너희로 하여금 믿게 한 사역자들이니라. 나는 심었고 아볼로는 물을 주었으되 오직 하나님께서 자라나게 하셨나니 그런즉 심는 이나 물 주는 이는 아무것도 아니로되 오직 자라게 하시는 이는 하나님뿐이니라"(고전 3:3-7).

한 아버지를 섬기는 자들이 서로 형제자매라고 하면서 다투고 있으니 얼마나 가슴 아픈 일이 아니겠는가! 하나님이 원하시는 것이 무엇인가? "형제가 연합하여 동거함이 어찌 그리 선하고 아름다운고"(시 133:1). 하나님은 언약 백성인 이스라엘 열두 지파가 서로 하나로 뭉치길 원하신다. 우리 주님은 한 몸을 만들기 위해 자신의 몸을 십자가에 찢어놓으셨다. 교회가 하나 되는 것이야말로 주님의 비전이다.

그런데 현대교회는 과연 어떤가? 교회마다 갈등과 분쟁으로 그리스도의 몸이 심각한 상처를 입고 있다. 어느 교회에서는 담임목사를 지지하는 교인들과 시무장로들을 지지하는 교인들 간에 대립으로 양쪽이 팽팽하게 갈라진 채 분쟁하고 있다. 어느 날, 담임목사가 안식년을 마치고 주일설교를 하려고 교회 안으로 들어섰다. 그런데 장로측 교인들이 완강하게 저지하여 들어가지 못하는 상황이 벌어졌다. 양측 간에 심한 몸싸움이 벌어졌고, 급기야 담임목사에게 오물을 던지는 일까지 벌어졌다.

오늘날 장로와 목사의 갈등은 이미 심각한 수준에 이르렀다. 만약 한국교회가 교회 안에 있는 갈등을 해소하지 못한다면 한국교회의 이미지는 계속해서 실추될 것이고, 더 이상의 부흥도 기대하기 어려울 것이다. 그렇기에 갈등의 언덕에 서 있는 목사와 장로는 한국교회를 위해 사명감을 갖고 교회 내의 화평을 도모해야 한다.

물론 한 교회에서 오랫동안 시무한 목사와 장로 사이에서는 갈등이 쉽게 일어나지 않는다. 그들은 이미 피차 상대를 잘 알고 있기 때문이다. 담임목사가 시무 중에 자신이 장로로 장립이 된 경우에는 목사의 권위에 순종해야 한다는 생각이 은연중에 자리 잡고 있기 때문이다. 문제는 리더십의 교체시기다. 일반적으로 목사와 장로의 갈등은 오랫동안 시무했던 목사가 은퇴하고 신임목사가 부임한 후 5년 이내에 주로 발생한다.

목사와 장로가 왜 갈등하는가? 장로는 '목사를 견제하지 않으면 독선과 전횡을 하려 한다'는 생각에 사로잡혀 있다. 더구나 경험이 부족한 젊은 목사일 경우 '경험도 없는 목사가 뭘 알아? 세월을 오래 산 우리한테 배워야지'라는 생각을 갖고 있다. 한편 목사는 '목회에 있어서는 목사가 전문가인데 장로들이 뭘 안다고?' 하는 생각을 갖고 있다. 그러다 보니 목회를 가로 막는 장로들의 행동이 횡포로 느껴진다.

어떤 칼럼에서 이런 내용의 글을 보았다. 장로들의 모임에서 가끔 듣는 말이 있단다.

"새로 온 목사 길 잘 들여야 돼. 나중에 골탕 먹지 말고."

어느 장로는 자랑스레 무용담을 펼치기도 한다.

"지난주 당회에서 목사가 갑자기 안건을 제출하기에 사전 통보와 귀띔도 없이 불쑥 그런 안건을 내밀면 어떻게 하느냐고 혼쭐을 내 줬다."

한 술 더 뜨는 말이 있다.

"요즘 젊은 목사들 상당히 건방지단 말이야. 지들이 뭘 안다고 자꾸 뜯어고치려고 하는지 모르겠어."

얼마나 가슴 아픈 이야기인지 모른다. 장로는 목회자를 존경하지 않고 목사를 품삯을 받고 일하는 자로 취급하고, 목사는 지나친 월권을 행사하여 장로의 기분을 상하게 하면서 서로 간에 갈등이 쌓인다. 목사와 장로는 시소게임의 주인공이 아니다. 만약 그렇게 하고 있다면 장로직을 오해하고 있는 것이다.

장로는 목사의 협력자이다. 어떤 방법으로라도 목회를 도와주어야 한다. 장로가 목사를 길들여야 하는가? 그런 생각으로 채워진 장로는 영적으로 풍성한 삶을 맛볼 수 없을 것이다. 그는 분명히 목사와 갈등을 일으킬 것이기 때문이다. 목사와 갈등을 일으키게 되면 설교를 들을 수가 없게 되고 교육을 받지 않게 될 것이다. 말씀으로 영향을 받지 않고서는 영혼이 살 길이 없다. 그렇기에 장로는 목사를 길들이려고 노력하기 전에 목사로부터 신앙을 지도받고 양육받으며 훈련받아서 좋은 장로가 되려는 열망으로 채워야 한다.

또한 중세 사제들의 생각을 갖고 있는 목사들은 반성해야 한다. 장로들을 무시하고 독선주의를 고집한다면 포스트모더니즘 사회의 목회는 어려울 것이다. 요즘은 평신도들 가운데 전문적인 지식을 가진 사람이 많다. 그들과 더불어 목회 동역자가 되려는 마음을 갖고 섬긴다면 하나님의 왕국은 더욱더 견실하게 서 가지 않겠는가! 경험이 부족하다면 겸손하게 배우려는 태도를 가져야 할 것이다.

그러나 장로가 하나님이 세워주신 목사의 권위를 존중하고 순종의 믿음을 배운다면 아무 탈이 없지 않을까? 비록 자기 자신이나 막냇동생같이 어린 나이일지라도 하나님이 세우신 권위를 인정해주면 존경받는 장로가 되지 않을까? 나이와 경험을 내세우면서 목사를 가르치려고 드는 장로를 교인들이 과연 존경하기는 할까? 반드시 나이가 성숙을 보장하지 않고 경험이 지혜를 보장해주는 것은 아니다. 나이가 어린 사람들 가운데도 사려 깊고 덕 있는 사람들이 많다. 더구나 목사는 하나님이 한 교회를 지도하기 위해 세운 리더가 아닌가!

내 마음에 맞지 않는다고 엎어버리는 유형의 장로가 있다. 자기감정에 뒤틀리면 절대로 자기고집을 꺾으려 하지 않는다. 그러나 주님의 몸 된 교회를 갈기갈기 찢어놓는 행위는 결코 용인될 수 없다. 정의와 진리를 내세우면서, 교회 개혁을 내세우면서, 혹은 교회의 민주화를 부르짖으면서 교회의 분열을 조장하여 사분오열된 교회를 만든다면 하나님의 마음을 모르기에 저지르는 어리석은 행동이다.

개인적인 상처 때문에 교회를 다툼의 수라장으로 만들지 말아야 한다. 헤게모니를 잡기 위해 당파를 조장하여 교인들의 마음을 갈라놓지 말아야 한다. 아무리 그럴듯한 명분을 둘러대서 교인들을 선동해서 자신의 목적을 이룰지라도 하나님의 불꽃같은 눈동자는 피할 수 없다. 신앙의 양심이 스스로를 고발하기 때문에 자신이 왜 교회를 싸움의 장으로 몰아가는지 다 알고 있지 않은가! 결국 권력 다툼이자 자존심이며, 상처에 대한 보복이자 자기 이권이 개입되었기 때문 아닌가!

자신으로 말미암아 교회가 다투거나 분열로 치닫게 될 바에는 스스로 장로직을 포기하는 편이 하나님 앞에서 떳떳할 것이다. 내 유익을 위해 교회의 하나 됨을 깨뜨리는 것은 결코 용인될 수 없는 일이다. 어느 장로님은 교회 건축을 둘러싸고 담임목사와 생각이 일치하지 않아서 몇 차례 담임목사와 대화를 나누었다. 그러다 언성이 높아지기도 했다. 그러던 중에 그 장로님은 '내가 교회를 떠남으로 분쟁을 그쳐야 겠다'는 결심을 하고 교회를 옮겼다. 자신으로 인해 교회가 분열되고 죄를 짓게 되는 것보다 그 편이 옳다고 판단한 것이다.

의사이자 성공심리학자인 맥스웰 몰츠는 "성공적인 인생을 살기 위해서는 상처를 거부하라"고 말한다. 이에 덧붙여서 "현명한 사람은 자기마음의 주인이 되고 미련한 자는 그 노예가 된다. 내가 나를 주장하는 것이야말로 성공의 지름길이다"라고 강조한다. 그러면서 이렇게 외쳐보라고 말한다. "내가 허락하지 않는 한 나는 상처받지 않는다. 상처를 다루는 주인이 되라. 상처를 허용하지 말라." 그러나 우리는 마음을 주님이 다스리도록 내드려야 한다. 감정의 주인도 하나님이 되셔야 한다. 하나님이 다스리는 마음과 감정의 세계 속으로 들어가야 한다.

때로는 나도 갈등의 언덕에 설 때가 있다. 그러나 그곳에 오래 머물러 있지는 않는다. 언젠가 갈등의 언덕은 나를 집어삼킬 것이기 때문이다. 이에 대해 C. S. 루이스는 「거대한 간극」이라는 책에서 이렇게 말하고 있다. "잘못된 길을 선택한 사람이라고 해서 다 멸망하는 건 아니라고 나는 생각한다. 그러나 그들이 구조되려면 올바른 길로 돌아와야 한다. 잘못된 것은 바로잡을 수 있다. 하지만 그러기 위해서는 잘못을 발견하고 그 지점에서부터 그것을 새롭게 할 때까지 되돌아가야 한다. 절대로 그 길을 계속 가서는 안 된다. 악은 파멸당할 수는 있지만 선으로 발전할 수는 없다. 시간이 해결해주는 문제가 아니다."

좋은 장로가 되려면 '진입금지' 표지판을 잘 봐야 한다. 장로는 갈등을 일으키고 교회 다툼을 일으키는 자리로 나아가지 않아야 한다. 장로에게는 내가 서 있는 자리를 발견하는 지혜가 필요하다. 잘못된 길에 들어섰다면 거기에 익숙해지기 전에 빨리 그곳에서 빠져나와야 한다. 그렇지 않으면 영혼이 망가지고 관계가 깨지며 존경의 자리를 영원히 놓치고 말 것이다.


## 갈등에 지혜롭게 반응하라

바울은 유대인과 이방인들이 함께 공동체를 이루고 있는 에베소교회를 위해 교회론을 강조한다. 유대계 그리스도인과 이방계 그리스도인들이 갈등과 분열을 겪고 있기 때문일 것이다. 바울은 그리스도께서 십자가에 못 박혀 죽으심으로 한 몸이 되게 하셨다고 강조한다. 십자가는 멀리 있던 자와 가까이 있는 자들을 하나로 묶었다. 그래서 온 교회는 성령 안에서 하나 됨을 보존해야 한다. "평안의 매는 줄로 성령이 하나 되게 하신 것을 힘써 지키라. 몸이 하나요 성령도 한 분이시니 이와 같이 너희가 부르심의 한 소망 안에서 부르심을 받았느니라"(엡 4:3-4).

그러나 현실적으로는 어떤가? 갈등은 의견이나 목적의 차이로 인하여 개인의 목표나 욕구가 좌절되는 현상이다. 타락한 세상에서 갈등은 불가피한 것이고 이미 예견된 것이다. 사람이나 공동체마다 이해관계와 생각이 서로 다르기 때문에 사람들 간에는 늘 갈등이 발생한다.

어느 교회 안에서 일어난 갈등의 현장을 한번 들여다보자. 어느 주일 오후예배가 끝난 후이다. 칼을 든 안수집사가 칼로 담임목사를 위협했다. 이를 보호하려던 한 집사가 칼에 찔려 중태에 빠졌다. 왜 이렇게 되었을까? 당회가 어느 장로의 권고사임을 결정했다. 몇몇 교인이 부당성을 제기하면서 서명운동을 했다. 그날 담임목사가 광고시간에 서명운동을 하는 교인들을 불법이라고 하자 격분해서 철물점에서 식칼을 구입해 담임목사를 살해하려 한 것이다. 처음에는 작은 갈등에서 출발했지만 그것을 제대로 다루지 못하고 점점 더 불거지면서 엄청난 비극으로 번진 것이다.

그러나 갈등이 꼭 불필요한 것만은 아니다. 오히려 갈등 덕분에 각각의 존재는 존재의 의미를 찾을 수 있으며, 상호 갈등에서 발생하는 긴장을 통해 양쪽 모두 타락과 안일에 빠지지 않고 자기 본연의 모습을 유지하고 발전시킬 수 있기 때문이다.

성경은 모든 갈등이 나쁘다고 가르치지 않는다. 하나님은 우리 각자를 독특한 개성을 가진 인간으로 창조하셨기 때문에 종종 가치관, 목표, 은사, 소명, 우선순위, 기대, 관심, 의견 등이 다르기 마련이다. 이러한 차이점의 많은 부분은 본질적으로 옳거나 그른 것이 아니라 단지 하나님이 부여하신 다양성과 개인적인 취향의 결과이다.

그렇기에 우리는 갈등을 회피하거나 다른 사람들이 항상 우리에게 동의하기를 요구할 것이 아니라 하나님의 창조의 다양성을 기뻐하고, 우리와 다른 관점을 지닌 사람들을 인정하고 함께하는 법을 배워야 한다.

다만 적대적 갈등을 피하고 상생적 갈등을 일궈나가기만 하면 된다. 상생적 갈등과 적대적 갈등을 가르는 것은 '관용'의 여부에 달려 있다. 서로 상대방을 인정하고 그 말에 귀 기울이는 관용의 정신이 있을 때 갈등은 '상생의 갈등'이 될 것이고, 반대로 관용의 정신이 없는 공동체는 '적대적 갈등'으로 인해 황폐해지고 퇴보하게 될 것이다.

갈등에 어떻게 대처하는가는 매우 중요하다. 「피스메이커」의 저자 켄 산데는 갈등을 "미끄러운 경사면과 같다"고 말한다. 그는 갈등에 대해서 사람들은 세 가지 반응을 보이는데, 이 반응들을 언덕 모양의 경사면으로 그릴 수 있다는 것이다. 즉 언덕의 왼쪽 경사면에는 갈등에 대한 회피적인 반응이 있고, 오른쪽 경사면에는 공격적인 반응이 있으며, 경사면 중앙에는 화해하는 반응이 있다는 것이다.

성숙한 그리스도인들은 갈등에 부딪혔을 때 '회피' 또는 '공격'이라는 본능적인 기질을 억제하는 법을 배우거나, 갈등에 적합한 화해 반응을 사용하는 능력을 계발한다. 회피 반응에 의존하면 일반적으로 '나'에게 초점이 맞춰지고, 공격 반응을 선택할 때는 일반적으로 '상대방'에게 초점이 맞춰진다. 그러나 화해 반응을 취할 때는 초점이 '우리'에게 맞춰진다. 화해 반응을 갖게 될 때 갈등에 관련된 모든 사람은 하나님의 관점을 의식하고 문제를 해결함에 있어서 상호 책임을 지는 방향으로 나아가게 된다.

회피 반응을 취하는 사람들은 열심히 평화를 가장하거나 실제로는 그렇지 않더라도 아무런 문제가 없는 것처럼 보이려고 노력한다. 공격 반응을 취하는 사람들은 평화를 파괴하는 성향으로 기운다. 그러나 화해 반응을 선택하는 사람들은 화평하게 하기 위해 헌신하고 진정한 정의와 다른 사람들과의 진실한 화목을 만들기 위해 끊임없이 노력한다.

갈등에 대하여 정직하게 화해 반응을 추구할 때에는 결국 화목을 이루게 될 가능성이 더 커지지만 갈등에 대한 회피나 공격 반응은 거의 예외 없이 관계 단절로 끝난다. 갈등 자체를 두려워하기보다 갈등을 지혜롭게 해결하는 지혜를 배워야 한다. 하나님의 사람들은 갈등을 경험할지라도 하나님의 말씀을 붙잡고 있는 한 성령의 음성에 귀를 기울이는 한 갈등을 믿음으로 풀어나갈 수 있다.

인간관계에 있어 갈등이 생겼는가? 지금 당장 종이와 펜을 준비해보라. 그 종이에 '상대방이 개선할 점, 상대방이 잘못한 점, 상대방에 대한 불만사항'을 적어보라. 아마 문제해결은 점점 멀어지고 섭섭함과 실망감은 증폭될 것이다. 그러나 '내가 개선할 점, 내가 잘못한 점'을 한번 써보라. 자신의 부족함이 깨달아지고 상대방에 대한 사랑하는 마음이 생겨날 것이다. 지금 누구와 갈등이 있는가? 그렇다면 종이와 펜을 준비하고 종이 위에 남을 평가하는 글보다 나를 성찰하는 글을 한번 적어보라. 그때 갈등은 오히려 감동으로 변하게 될 것이다.

갈등과 분열, 그리고 다툼의 소용돌이에 빠져 있는가? 그렇다면 이제 한번 스스로 질문해보라. "과연 누구를 위해, 무엇을 위해 싸우고 있는가?" 하나님을 위해 싸우고 있다고 생각하는가? 그리스도의 몸인 교회를 위해서 다투고 있는가? 그렇지 않다면 나를 위해 갈등하고 있는가? 어떤 명분일지라도 당신이 갈등과 다툼을 통해 얻을 수 있는 것은 별로 없다.

목사와 장로 간에 갈등으로 분쟁하는 교회를 보라. 진리와 정의를 위해 싸우는가? 사실은 누가 교회의 주도권을 장악하느냐를 두고 싸우지 않는가? 물론 외양적으론 진리와 정의를 위한 싸움처럼 가장한다. 그러나 정직한 신앙인이라면 사소한 감정과 자존심 때문에 싸우고 자기 아성을 쌓기 위한 것임을 인정하지 않을 수 없다.

한국교회가 분열되는 원인이 무엇인가? 다양한 원인이 있겠지만 "목사와 장로 직제에 의한 갈등에서 비롯됐다"는 지적은 피할 수 없을 것이다. 안동교회 원로목사이신 유경재 목사는 목사와 장로 간의 갈등 원인으로 '교권정치'를 꼽았다. 그는 "목사와 장로 간 갈등의 원인은 무엇보다도 교회를 교권정치의 기반으로 생각하는 데 있다"며 "교회를 하나님 나라를 이루는 위임공동체로 생각하지 않고, 생활 기반이나 정치적 욕구를 충족시키는 집단으로 생각하는 데서 문제가 일어난다"고 밝혔다. 직분의 초점을 바로 잡지 못한 데서 다툼이 일어난다.

더구나 세상 사람들은 피 터져라 싸워도 술 한 잔 마시고 나면 끝이 난다. 그리고 집으로 돌아올 때는 어깨를 나란히 하고 고래고래 노래를 부르면서 화해의 기쁨을 나눈다. 그런데 안타까운 것은 목사와 장로의 갈등으로 인하여 불거진 싸움은 화합이나 용서가 없다. '끝장을 본다'는 생각으로 극단으로 치닫는다. 결국 교회가 분열되고 교인들은 상처투성이로 만신창이가 된다. 결국 원수가 된 이들은 세상 법정에서 교회 문제를 판단받게 된다. 하나님의 이름을 더럽히고 마는 것이다.

## 갈등을 넘어 하모니를 창조하라

바나바와 바울은 예루살렘교회를 구제하기 위해 헌금을 가지고 갔다가 일을 다 마치고 돌아오는 길에 마가라 하는 요한을 데리고 왔다(행 12:25). 그 후 마가 요한은 안디옥교회에서 파송받아 바나바와 바울과 더불어 선교활동을 떠났다.

세월이 흘러 제2차 전도여행을 떠나려고 할 때 바나바와 바울이 서로 심히 다투게 되었다. 그렇게 환상적인 콤비로 동역을 하던 바나바와 바울이 왜 그렇게 심한 싸움을 하게 되었을까? "마가 요한을 데리고 떠나느냐, 두고 떠나느냐?" 하는 문제 때문이었다. 바나바는 마가 요한을 데리고 가자는 쪽이었고, 바울은 절대로 그럴 수 없다는 입장이었다(행 15:36-41).

결국 두 사람은 이견을 좁히지 못하고 결별하게 되었다. 그러나 세월이 흘러 바울이 로마 감옥에서 편지를 쓸 때 디모데에게 무엇이라고 부탁하는가? "네가 올 때에 마가를 데리고 오라. 그가 나의 일에 유익하니라"(딤후 4:11). 세월이 흐른 후에 바울과 마가 요한은 갈등을 넘어서 화해의 모드로 나아가 좋은 관계 속에서 복음을 위해 협력하게 되었다.

미국의 가정사역자 데이비드 알프와 클라우디아 알프 부부는 사람들이 갈등에 임하는 태도나 해결 방식을 동물에 비유하곤 했다. 이들은 인간의 부부 갈등 해결방식을 거북이, 스컹크, 카멜레온, 고릴라, 부엉이 유형으로 분석했다.

거북이형은 '은둔형'으로 갈등에 부딪히면 뒤로 물러난다. 머리를 움츠려 껍질 안으로 숨어서 폭풍이 지나갈 때를 기다리는 거북이처럼 문제를 회피한다.

스컹크형은 '공격형'으로 배우자가 기대에 못 미치거나 위협을 느끼면 말로 공격을 시작한다. 말재주로 상대방을 나쁜 사람으로 만들고 자신의 단점은 미화시켜버린다. 대부분 조소와 경멸의 명수들이 이 유형에 속한다.

카멜레온형은 '순응형'으로 주위의 색깔과 동화함으로 갈등을 피한다. 이 유형은 타인의 의견에 항상 동의한다. 조용한 사람들 앞에서는 입을 다물고 말이 많은 사람들 속에서는 수다쟁이로 변한다. 주위 사람들과 같은 부류로 받아들여지고 싶은 욕구가 강해서 자신의 마음은 뒷전이다.

고릴라형은 '승리형'이다. 이 유형은 무슨 수를 써서라도 반드시 이겨야 직성이 풀린다. 가장 잘 쓰는 방법은 회유와 위협이다. 그러나 강인한 겉모습과 달리 좋은 사람으로 보이고 싶어 안달복달하는 나약함도 갖고 있다. 부당한 대우와 상처받았던 일을 모두 기억하고 있다가 적절한 시점에서 상대를 공격한다. 고릴라형에 속한 사람은 상대의 무엇이 잘못되었고 자기가 왜 옳은지 조목조목 조리 있게 설명한다.

부엉이형은 '이성형'이다. 거북이처럼 갈등을 피하지만 전혀 다른 방법을 사용한다. 합리적인 이론과 논리에 의지한다. 이들의 좌우명은 "감정은 무슨 수를 써서라도 반드시 피한다"는 것이다. 부엉이형은 갈등에 부딪치면 그 문제에 관해서 기꺼이 토론할 용의가 있다. 그러나 감정은 완전히 배제하고 사실만을 다루길 원한다.

목사와 장로가 갈등을 넘어 하모니로 나아가기 위해서는 상당한 기술이 필요하다. 그렇다면 갈등을 넘어 하모니를 이루기 위해 필요한 기술들은 무엇인가?

첫째, 감정을 잘 조절할 수 있어야 한다. 인간의 감정은 미묘하다. 조금만 상하면 그 상처로 인한 흔적이 깊고 오래간다. 갈등 상황이 전개되면 대부분의 사람들이 감정에 충실하다. 그런데 감정은 불쾌한 말을 낳고 거친 행동을 유발한다. 결국 더 큰 화를 초래한다. 그렇기에 하모니로 나아가려면 감정을 누그러뜨리는 지혜가 필요하다. 대신 이성을 통한 합리적인 사고를 할 수 있어야 한다.

둘째, 자기중심적인 생각을 버리고 상대방의 생각을 수용해야 한다. 아집은 상대방의 생각이나 의견을 수용하는 것을 가로막는다. 상대방의 생각을 수용하려면 내 생각을 사로잡아 그리스도께 굴복하는 훈련을 해야 한다(고후 10:5). 내 생각이 다 옳은 것 같지만 자신의 생각이 틀렸을 가능성도 얼마든지 열어두어야 한다.

셋째, 상대방과 대화하고자 하는 열린 마음을 가져야 한다. 갈등이 생기면 사람들은 대화의 문부터 빗장을 건다. 그러나 갈등이 생길 때 오히려 서로의 생각을 나누면서 대화의 세계로 나아가야 한다. 독선은 갈등의 불씨다. 서로가 두껍게 쌓고 있는 벽을 허물 준비를 해야 한다. 상대방의 입장에 서보면 별 문제가 아닌데 사람들은 끝까지 자기 입장만 고집하면서 대화하기를 거부한다. 그러니 갈등은 극단을 치닫는 것이다.

넷째, 휴먼 네트워크를 형성하는 지혜를 가져야 한다. 갈등은 인간관계를 맺는 기술 부족에서 파생할 수 있다. 그렇다면 갈등을 넘어 하모니를 이루기 위해서는 인간관계를 잘 맺어야 한다. "자기보다 남을 낫게 여기고"(빌 2:3). 다른 사람들로부터 무시를 당할 때 관계는 쉽게 깨질 것이다. 교만한 사람은 다른 사람을 우습게 본다. 그러나 겸손한 사람은 다른 사람을 자기보다 더 낫게 여긴다. "이와 같은 자들을 존귀히 여기라"(빌 2:29). 나를 존귀한 존재로 여기는 사람에게 상처를 입지는 않는다.

다섯째, 다른 사람을 축복하는 마음을 가져야 한다. 세례 요한은 "그는 흥하여야 하겠고 나는 쇠하여야 하리라"(요 3:30)고 말한다. 물론 예수님에 대한 세례 요한의 태도이지만 인간관계에도 얼마든지 적용될 수 있다. "누가 크냐?"는 싸움을 하던 제자들을 생각해보라. 왜 그랬을까? 다른 사람들보다 내가 더 잘되고 싶은 마음 때문이었다. 다른 사람을 흥하게 하려고 해보라. 갈등은 일어나지 않으며 설령 갈등이 생겼을지라도 쉽게 해결될 것이다. 그런데 대부분의 사람들은 "나는 흥하고 너는 쇠하여야 하리라!"고 말한다. 누가 쇠하는 길로 가길 원하겠는가? 그러다 보니 서로 다투고 싸울 수밖에 없는 것이다.

여섯째, 다른 사람들에게 비난의 손가락질을 하기 전에 먼저 자신을 돌아봐야 한다. 교만하게 고개를 뻣뻣하게 쳐들지 말고 겸손하고 낮은 자리로 나아가자. 남에게 상처를 주고 싸워야 한다면 차라리 조용히 물러나서 그리스도의 몸이 더럽혀지고 하나님의 명예가 오염되는 것을 막아야 한다.

일곱째, 사람을 공격하지 말고 문제 자체를 보는 열린 시야가 필요하다. 감정이 상하다 보면 자주 인신공격을 함으로 상대방의 자존심을 건드리는 경우가 많다. 사람을 공격하면 더 큰 갈등으로 치달을 뿐이다. 문제를 공략해야 해결점이 보인다.

여덟째, 상대방의 성격적, 신체적 결함이나 과거의 실수, 혹은 믿고 털어놓았던 개인적인 약점을 공격해서도 안 된다. 욕설은 물론 남과 비교하는 것도 금물이다. 게임에서 이기기 위해서는 타협하고 항복하고 공존하는 것을 연습해야 한다.

아홉째, 상대방의 말에 귀를 기울여야 한다. 가장 답답한 사람을 상대방의 말은 전혀 들으려 하지 않고 자기 말만 하는 사람이다. 자기 말은 줄이고 상대방이 아파하는 것을 들을 준비를 하라. 상대가 주장하는 것에 대해 지나치게 방어만 하지 말고 자신의 잘못인지도 모른다는 태도를 가져야 한다.

열 번째, 이기는 용기보다는 양보하고 지는 용기가 필요하다. 우리는 기를 쓰고 이기려고만 한다. 그러나 지는 자가 진정한 승리자임을 잊지 말자. 잠시 이기고 영원히 지는 길을 선택하지 말고, 잠시 지고 영원히 이기는 길을 선택하자. 갈등이 빚어질 때 느낌을 솔직하게 표현하는 것이 좋다. "당신이 어떻다"고 말하는 대신 "내가 어떻다"고 말해야 한다. 갈등이 심해질수록 절대로 얼굴을 붉히며 고함치지 말고, 극단적인 용어도 사용하지 말아야 한다. 도리어 웃으라. 손을 내밀어 악수하라. 말을 하더라도 부드럽게 표현하라.

앞에서 제시한 열 가지 기술을 마음에 새겨두자. 그러면 당신은 교회에서 트러블메이커가 아니라 피스메이커로, 하모니를 창조하는 존경받는 장로가 될 것이다.

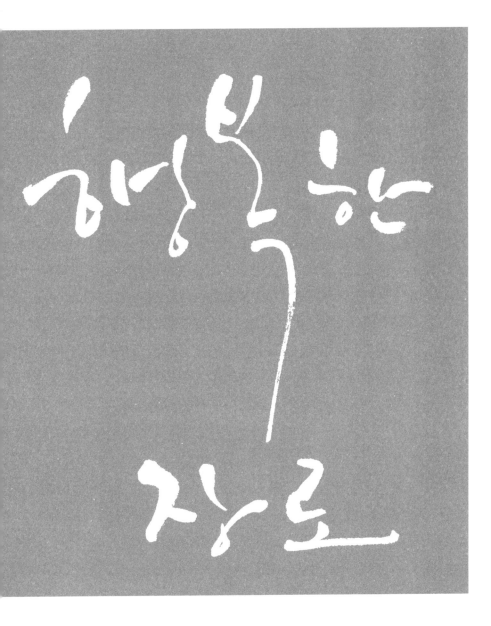

행복한 장로

C·H·A·P·T·E·R·5

권위를 잃지 말되 권위주의자는 되지 말라

모든 권위는 하나님으로부터 주어졌다. 그렇기에 장로의
권위 또한 하나님의 권위 아래 주어진 것임을 명심해야 한다.

교회 공동체 안에서 자주 듣는 말이 있다. "장로가 되더니 목에 깁스
를 하고 다녀요. 예전에는 안 그렇더니 장로가 된 뒤에는 왜 그렇게
목을 꼿꼿하게 치켜세우는지 모르겠어요." 이 말은 권위주의에 사로
잡혀 덕을 세우지 못하는 직분자들을 비꼬는 말이다.

가끔 이런 오해를 하는 장로들이 있다. "장로교는 장로가 정치하는
곳이야. 만약 목사가 정치를 한다면 목사교라고 했지 않겠어! 그러
니까 장로들이 정신 차려야 해!" 일리가 있는 말처럼 들리지만 장로
교의 역사도 모르고, 성경적인 원리도 모르는 어리석은 말이다. 더
구나 그렇게 말하는 생각의 밑바닥에는 권위주의가 꽉 들어차 있다.
왜냐하면 '장로가 목사를 견제하고, 심지어 교회 실정에 맞게 길들
이고 잡아야 한다'는 생각이 반영된 말이기 때문이다.

장로가 무엇인지도 모른 채 큰 벼슬이나 하는 것처럼 착각하는 이들이 있다. "요즘 교회가 어디로 가고 있는지 몰라. 성도들이 장로의 말을 우습게 여기잖아." 성도가 장로를 우습게 여겨서는 안 된다. 그런데 진정한 권위를 상실한 채 장로의 권위만 내세우는 어리석음은 버려야 한다.

장로교는 대의정치이다. 장로는 교인들의 손을 통해 세움받았다. 교인들 위에서 군림하는 것이 아니라 교인들을 섬겨야 할 존재이다. 교인들의 목소리를 들을 수 있어야 하고 교인들의 필요를 느낄 수 있어야 한다. 교인들을 두려워해야 한다. 교인들을 두려워하지 않는 장로가 되는 것을 우려해서 대한예수교장로회 헌법에서는 7년마다 신임투표를 할 수 있도록 제동장치를 마련해두었다.

앞으로 목회는 더 어려워질 것이다. 교회가 포스트모더니즘으로 점점 채색되고 있기 때문이다. 포스트모더니즘은 권위와 전통을 이탈하는 정신 사조를 낳았다. 그래서 사람들은 기존의 틀과 질서에 도전하고 저항한다. 그들에게는 권위보다는 자유와 해방에 더 익숙하다. 성경의 권위를 인정하지 않고 상대주의로 흘러간다. 목회자의 권위도 무너지고 불순종이 자연스럽게 젖어들고 있다.

그러나 인간은 결코 권위를 떠나서는 살 수 없다. 가정에도, 교회에도, 직장에도, 학교에도 그 나름대로 권위가 존재한다. 성경은 이러한 모든 권위가 하나님으로부터 나온다고 강조한다. 그렇기에 장로는 권위에 대한 성경적인 관점을 바로 이해하고, 권위 속에 숨어 있는 하나님의 뜻을 발견해야 한다. 더구나 주어진 권위를 올바로 행사함으로 교회의 덕을 도모해야 한다. 그뿐만 아니라 인간에게 주어진 모든 권위의 출처를 기억하면서 위에 있는 권위에 올바로 복종할 줄 알아야 한다. 그것이 하나님 나라의 원리에 따른 질서 있는 삶이다.


## 영적 노블레스 오블리주 정신을 가지라

3년간의 공생애 사역을 마무리 짓는 결정적인 순간이 예수님께 다가왔다. 예수님은 십자가에서 대속의 죽으심을 감당함으로써 인류를 구원하기 위한 궁극적인 비전을 성취하시기 위해 예루살렘으로 올라가고 계셨다.

그때 상황에 어울리지 않는 광경들이 일어난다. 마태는 야고보와 요한의 어머니가 예수님 앞으로 나아와 절하면서 인사청탁을 하는 장면을 그려준다. "나의 이 두 아들을 주의 나라에서 하나는 주의 우편에, 하나는 주의 좌편에 앉게 명하소서"(마 20:21). 아들을 영의정과 좌의정에 앉히고 싶은 어머니의 마음을 묘사해준다. 그러나 마가는 야고보와 요한이 예수님께 나아와서 묻는 장면으로 묘사한다. "주의 영광중에서 우리를 하나는 주의 우편에, 하나는 좌편에 앉게 하여주옵소서"(막 10:37). 제자들 중에 핵심인물로 간주되던 이들 형제로서는 꿈꿔 볼 만한 일이 아닌가!

그 이야기를 듣고 있던 제자들은 발끈해서 화를 낸다. "열 제자가 듣고 그 두 형제에 대하여 분히 여기거늘"(마 20:24, 참조 막 10:41)

다른 제자들이 분노하는 이유가 무엇인가? 자신들에게도 동일한 마음이 있다는 증거이다. 예수님은 십자가에 죽기 위해 예루살렘으로 올라가지만 제자들은 예루살렘에서 얻을 권세와 영광을 꿈꾸면서 올라가고 있었던 것이다. 그들은 정치적인 메시아를 기대하고 있었던 것이다.

인간에게는 '권력에 대한 욕구'가 감추어져 있다. 철학가 토머스 홉스는 "오직 죽음으로서만 멈춰질 수 있는 것이 권력에 대한 욕구이다"라고 말한다. 자신은 의식하지 못하거나, 혹은 부정하고 싶을지라도 인간의 가장 깊은 내면에는 권력과 힘에 대한 욕구가 존재한다. 정치를 하는 사람들을 보라. 평생 힘과 권력을 얻기 위해 자신을 투자한다. 그 권력을 가진 다음에는 그 권력을 행사하여 더 많은 권력을 쥐거나 많은 재물을 가지려고 하거나 많은 사람을 모아 힘을 키우려고 한다.

인간의 심연을 깊이 파헤쳤던 매슬로우는 욕구 5단계설을 주장한다. 첫째, 생리적 욕구. 둘째, 안전의 욕구. 셋째, 사랑의 욕구. 넷째, 존경의 욕구. 다섯째, 자아실현의 욕구. 그렇다면 존경의 욕구, 즉 남에게 인정받고 싶은 욕구란 무엇인가? 힘과 권력을 얻으려고 하는 욕구로 대변할 수 있다. 존경의 욕구는 내적으로는 자존, 자율을 성취하려는 욕구이고, 외적으로는 타인으로부터 주의를 받고 인정을 받으며 집단 내에서 어떤 지위를 확보하려는 욕구이다.

비단 인간에게만 권력과 힘에 대한 욕구가 존재하는 것은 아니다. 무리의 우두머리인 수사자는 제 새끼가 아니면 제 권한 안에 들어 있는 모든 암놈의 새끼를 물어 죽인다고 한다. 산양들은 암놈을 차지하기 위해서 뿔을 곤두세우고 서로 힘껏 박치기를 한다. 그때마다 두개골이 완전히 박살날 정도로 싸움을 하고, 온몸이 상처투성이가 되어도 멈추려고 하지 않는다.

우리 안에 잠복해 있는 권력과 탐욕의 한계가 어디까지인지 아무도 모른다. 욕망의 바다는 도저히 인간이 다 정복할 수 없을 만큼 드넓건만 인간은 그것을 쟁취하기 위해 인생을 허비한다. 죽음과 파멸이라는 절벽에 다다르기까지 결코 깨닫지 못한 채 치닫는다. 헛된 것인 줄 익히 알면서도 권력에 대한 욕망의 맛을 보면 쉽게 멈출 수가 없다.

장로가 정치 맛을 알게 되면 무섭게 변한다. 성도가 아픔을 당해도 아랑곳하지 않고 권력 다툼을 멈추지 않는다. 교회가 상처투성이가 되고 분열되어도 기득권을 포기하지 않으려고 발버둥친다. 교회를 벼랑 아래로 내몰더라도 자신의 권력을 지키겠다는 생각이다.

어느 교회에서 장로를 치리하게 되었다. 교회 안에서 공공연하게 문제를 일으켰기 때문에 당회에서는 어려운 결정을 내린 것이다. 그 후에 그 장로는 담임목사를 협박하고 비난하기 시작했다. 이윽고 주일이 되면 교회 정문 앞에서 피켓을 들고 1인 시위를 하기 시작했다. 그런 장면이 몇 개월 동안 연출되었다. 생각해보라. 성도들이 예배를 드리기 위해 들어오고 있는 정문에서 시위를 하고 있는 장로, 그 광경을 이웃 주민들이 보고 있지 않는가?

도대체 무엇을 위해 그렇게 한단 말인가? 장로라는 권력이 그렇게 대단해서 그 자리를 지키려고 한단 말인가? 그렇다면 자신을 돌아보고 회개함이 마땅하지 않는가? 본인이 받은 상처 때문에 온 교인을 그렇게 불편하게 만들고 목회를 어렵게 만들어서 얻을 수 있는 것이 무엇이란 말인가? 자신의 권위가 중요하다면 교회의 권위는 더 중요하지 않는가?

그런데 이런 교회도 있다. 그 교회는 당회로 인해 교회 안에서 심각하게 다투었다. 결국 교회는 분리되었다. 후에 담임목사를 청빙할 즈음에 교회는 결의를 했다. "새로운 담임목사님이 부임하면 현재 있는 기존의 모든 장로는 사임하고 새로운 장로를 세워 교회를 이끌어 나가도록 하자." 그 결의 후 담임목사를 모셨지만 한동안은 교회 내에서 결의한 사안에 대한 이런저런 논란도 있었다. 하지만 종국적으로 약속대로 기존의 장로들은 물러났다. 왜냐하면 기득권을 주장하는 것보다 교회를 든든히 세우는 것이 더 중요하다고 생각했기 때문이다. 지금은 안정된 교회로 자리매김을 하고 있다.

영성신학자 리처드 포스터는 권력이 가진 위험성에 대해서 이렇게 말한다. "돈이 우리의 호주머니를 위협하고, 성이 침실을 위협하는 것이라면, 권력이란 우리의 관계를 위협하는 것이다. 권력은 우리의 대인관계와 사회적 관계, 그리고 하나님과의 관계를 근본적으로 위협하고 있다. 선악 간에 이보다도 더 우리에게 심각한 영향을 주는 것은 아무것도 있을 수 없다."

우리에게 주어진 권력을 잘 다루면 플러스 효과가 있다. 그러나 권력을 잘못 사용하게 되면 개인이나 공동체에 심각한 파급효과를 미친다. 장로 한 사람으로 인해 공동체 전체가 흔들릴 수도 있다.

중국이 낳은 세계적 신학자 워치만 니의 신학사상이 우리와 많은 부분에서 다르지만 그는 영적 권위에 대해서 아주 성경적인 입장을 가지고 있다. 그는 "교회는 그리스도인에게 권위에 순종하도록 훈련시키는 기관이다"라고 말한다. 그는 계속해서 권위에 대한 참된 활용에 대해서 이렇게 지적한다. "권위를 만난 사람은 권위 되기를 싫어하고, 권위 될 뜻이 없고, 그런 취미조차도 없다. 그리고 의견을 내기를 싫어하고 남을 지배하기도 싫어한다. 조직 권위를 모르는 사람만이 권위 되기를 좋아한다."

권력을 가진 자는 그 권위가 어디로부터 왔는지 그 출처를 꼭 기억해야 한다. "각 사람은 위에 있는 권세들에게 복종하라. 권세는 하나님으로부터 나지 않음이 없나니 모든 권세는 다 하나님께서 정하신 바라"(롬 13:1). 모든 권위는 하나님으로부터 주어졌다. 그렇기에 인간의 모든 권위는 하나님의 권위 아래 주어진 것임을 명심해야 한다. 하나님이 정하신 권위에 순종해야 한다. "너희를 인도하는 자들에게 순종하고 복종하라. 그들은 너희 영혼을 위하여 경성하기를 자신들이 청산할 자인 것같이 하느니라. 그들로 하여금 즐거움으로 이것을 하게 하고 근심으로 하게 하지 말라. 그렇지 않으면 너희에게 유익이 없느니라"(히 13:17).

이 권위에는 아울러 책임과 의무가 뒤따른다. 더구나 영적인 권위는 그리스도의 몸을 세우기 위해 사용되어야 한다. 그리스도의 몸을 세우기 위해 주어진 의무와 책임을 잘 감당해야 한다. 자신이 감당해야 할 책임과 의무는 감당하지 못하고 특권만 주장한다면 잘못된 권위주의자에 불과하다.

사회 지도층의 도덕적 의무를 가리키는 '노블레스 오블리주'라는 말이 있다. 이것은 닭의 사명이 자기의 벼슬을 자랑함에 있지 않고 알을 낳는 데 있음을 말해주고 있다. 귀족으로 정당하게 대접을 받기 위해서는 '명예'만큼 '의무'를 다해야 한다. 사회로부터 정당한 대접을 받기 위해서는 자신이 누리는 명예(노블레스)만큼 의무(오블리주)를 다해야 한다. 로마 귀족의 절제된 행동과 납세의 의무를 다하는 모범적 생활은 평민들에게 귀감이 되어 국가천년을 지탱하는 데 초석이 되었다. 그들은 전쟁이 일어나자 국가에 사재를 헌납하고 솔선수범하여 전장에 나가 피를 흘리며 싸우는 것을 영광으로 생각했다.

장로에게도 바로 이런 정신이 필요하다. 교회에서 장로라는 신분으로 대접을 받으려고 하면서 십자가를 지지 않는 사람들이 있다. 교회 돈을 가지고 생색을 내면서 정작 헌금을 드리는 데 있어서는 뒤로 빠지고, 예배나 각종 모임, 봉사에 본을 보이지 않는 장로가 있다. 영적 노블레스 오블리주 정신을 회복해야 한다.

## 절대 권력은 절대 부패한다

우리는 예수님이 제자들에게 가르치신 말씀을 똑똑히 들어야 한다. "이방인의 집권자들이 그들을 임의로 주관하고 그 고

관들이 그들에게 권세를 부리는 줄을 너희가 알거니와 너희 중에는 그렇지 않아야 하나니 너희 중에 누구든지 크고자 하는 자는 너희를 섬기는 자가 되고 너희 중에 누구든지 으뜸이 되고자 하는 자는 너희의 종이 되어야 하리라. 인자가 온 것은 섬김을 받으려 함이 아니라 도리어 섬기려 하고 자기 목숨을 많은 사람의 대속물로 주려 함이니라"(마 20:25-28).

예수님은 "너희는 그렇지 않음이니"라고 말씀하신다. 무슨 말인가? 하나님 나라의 지도자들은 이방인 집권자들이 권력을 휘둘러 권세를 부리는 것처럼 해서는 안 된다는 뜻이다.

하나님 나라의 지도자가 걸어가야 할 길이 있다. 하나님 나라의 지도자는 권위를 섬김으로 드러내야 한다. 섬김의 종으로 권위의 영향력을 나타내야 한다. 예수님은 자신의 몸을 대속 제물로 섬김으로써 자신의 권위를 드러내지 않았는가? 그렇다면 장로도 교회와 교인들을 잘 섬김으로 자신의 권위를 드러내야 한다.

하나님의 자녀는 이 불법과 혼란과 무질서 속에서 세상의 자녀와 아무런 구별 없이 살아가서는 안 된다. 혼돈으로 가득한 세상 가운데서 아름답게 빛을 발해야 한다. 그러자면 위에 있는 권위를 발견하고 그 권위를 누리며, 또한 그 권위에 복종하면서 하나님 나라의 원리에 따라 짜임새 있는 질서의 삶을 살아야 한다.

하나님의 자녀는 하나님의 권위를 중심으로 모여 이끌기도 하고 따르기도 하는 권위와 복종의 삶을 사는 데서 드러난다. 각양 권세를 위임받은 자는 두려움과 떨림으로 하나님을 대신하는 겸허한 태도로 섬김의 권위를 발휘해야 한다. 반면 권위 아래 놓여 있는 자는 하나님이 주신 권위를 인정하면서 순복함으로써 하나님의 질서를 지켜야 한다. 하나님의 권위를 뒤집는 것은 곧 하나님을 뒤집는 일이다. 그러므로 성경은 거역하는 것은 사술의 죄와 같고 완고한 것은 우상에게 절하는 죄와 같다고 말한다(삼상 15:23). 하나님의 권위를 옳게 행사하고 옳게 복종할 때 이 땅에 하나님의 문화가 나타날 것이다.

이와 관련해서 리처드 포스터는 권력의 이중성에 대해서 이렇게 말한다. "권력은 파괴를 가져올 수도 있고 창조를 일으킬 수도 있다. 파괴시키는 권력은 지배하고자 한다. 따라서 전적인 통치를 요구한다. 그것은 관계를 파괴하고, 신뢰를 파괴하며, 대화를 파괴하고, 통전성을 파괴한다. 그러나 창조하는 권력은 깨진 관계를 회복시켜주는 힘이다. 윌버포스는 대영제국 내에서 이루어졌던 노예매매 제도의 폐지를 위해 자신의 지위에 따른 권력을 사용했던 크리스천 정치가였다. 창조적인 권력은 사람들을 자유롭게 해준다. 마틴 루터 킹 목사가 미국의 인종차별 정책에 맞서 우뚝 섰을 때 수백만이 자유를 되찾았다."

하나님이 인간에게 권력을 주셨을 때 파괴는 디자인되지 않았다. 창조를 위한 권력을 주셨다. 그러나 인간의 범죄로 나타난 것이 바로 권력의 파괴성이다. 지배하고자 하는 파괴적인 권력이 교회에서도 횡횡하는 경우가 많다.

목사가 당회를 이끌어가는 정책은 다양할 수 있다. 어떤 목사는 당회 서기를 중심으로 당회를 이끌어가기도 하고, 어떤 목사는 선임 장로를 중심으로 이끌어가기도 한다. 나는 '수석장로'라는 표현을 사용하는 것을 싫어한다. 왜냐하면 '수석'이라는 표현이 자칫 권위주의를 만들어줄 수 있기 때문이다. 나는 당회 서기와 많은 대화를 나누지만 모든 장로와 함께 대화를 나누면서 당회를 이끌어가는 민주적 방식을 택한다.

어떤 방식으로 당회를 이끌어가느냐는 목사가 가진 목회철학과 교회의 상황에 맞춰서 선택할 수밖에 없다. 그래서 "왜 목사님은 수석장로를 무시하느냐?" "왜 당회 서기를 무시하고 일방적으로 하느냐?"라고 반문해서는 안 된다. 그렇게 항변하는 데는 이미 권위주의가 자리 잡고 있다는 증거이기 때문이다. 장로는 목회자가 이끌어가는 당회의 방식을 따라 충성스럽게 섬기면 된다.

인간의 모든 권위는 하나님으로부터 왔다. 나에게 주어진 권위도 절대 권력이 될 수 없다. 그 권위를 사용하는 데 있어서 얼마든지 제한될 수 있음을 알아야 한다. 모든 권위는 다른 권위에 의해서 제한되어야 한다.

역사가이자 정치가인 액튼 경은 "절대 권력은 절대로 부패한다"고 말한다. 권력의 집중화는 시한폭탄과도 같다. 그렇기에 적절하게 견제받지 않는 절대 권력은 절대 부패하게 된다. 장로교는 당회에 힘이 집중되어 있다. 당회가 정책을 결정하다 보니 모든 것을 장악하려 든다. 심지어 목회의 고유영역까지 당회가 견제해야 하는 것처럼 생각하여 침범한다. 이런 식으로 절대 권력을 장악하는 당회는 반드시 부패하게 되어 있다. 그렇기에 당회가 부패하지 않기 위해서는 당회의 권위와 힘을 분산시켜야 한다.

"모든 길은 로마로 통한다"라는 격언이 있다. 이것은 모든 것이 로마로 집중되고 모든 것이 로마에서 뻗어나간다는 말이다. 당시 로마는 세계의 중심부였다. 그래서 세계를 장악하던 로마인들의 위용을 보여주는 표현이다. 그러나 절대 권력을 휘두른 로마는 심각한 부패로 치닫고 말았다. 교회가 건강하게 나아가려면 당회의 분권화가 시급하게 이루어져야 한다. 그렇지 않으면 당회는 무슨 벼슬이라도 하는 것처럼 부패할 수밖에 없다.

당회는 정책을 결정하는 기관이다. 그러다 보니 '모든 것이 당회에서 다루어져야 한다'고 생각한다. '당회원은 교회의 모든 것을 다 알고 있어야 한다'고 생각하는 사람들이 있다. 그러나 당회는 큰 획을 그어주면 된다. 그다음에는 각 부서에 있는 실무자들이 구체적인 세부사항을 계획하고 실행하며 평가하면 된다. 당회가 각 부서에서 해야 할 사항까지 간섭하게 된다면 실무진들이 움직이는 동기부여를 빼앗아가게 되고 당회에 대한 불신은 점점 더 커질 것이다.

장로는 교회의 모든 행정을 간섭하는 임무보다는 목사와 협동하여 행정과 권징을 잘 관리해주면 된다. 이것이 오해되어 지나친 독점으로 치닫지 말아야 한다. 오히려 본연의 임무인 교인들을 심방하여 목사에게 보고함으로 교인들의 영적 생활을 섬기는 것이 더 절실하게 요청된다.

절대적인 권력을 움켜잡으려는 장로 가운데는 교회 안에서 여론을 형성하여 교인들을 충동질해서 어떤 목적을 성취하려는 장로가 있다. 여론을 형성하기 위해 중상모략을 하고, 거짓말을 유포하며, 상대방을 비난하고 모함하는 경우가 비일비재하다. 그래서 존 비비어는 "하나님 나라의 법은 중론이나 선거나 여론조사로 대치할 수 없다"고 말한다. 그렇게 움켜잡은 권력을 가지고 무엇을 하는가? 교회를 좌지우지하려 한다.


## 권위주의에서 탈피하여
## 참된 권위를 회복하라

하나님은 영적 권위자들에 대하여 비방할 때 더 높은 차원에서 하나님의 심판이 임할 것이라고 명백히 밝히고 계신다. "이르시기를 나의 기름 부은 자를 손대지 말며 나의 선지자들을 해하지 말라 하셨도다"(시 105:15).

이 세상에서 권위주의는 사라져야 한다. 낮은 자존감을 갖고 있는 사람들 가운데 교회에서 직분을 통해 자존감을 높이려는 사람들이 있다. 세상에서 큰소리치지 못하는 것을 교회에서 큰소리치려고 한다. 그러다 보니 자연스레 권위주의에 빠지게 된다. 권위가 남용되면 불신관계가 형성되고 압제의 피 흘림이 찾아오게 된다. 남용된 권위는 공동체의 기반을 흔들고 많은 사람이 상처를 입게 만든다.

그러나 결코 권위가 추락되어서는 안 된다. 근래 우리 사회는 가정에서의 부모와 가장의 권위가 무너지는 추세이고, 대통령이나 리더들의 권위가 흔들리는 세태이다. 권위가 추락하게 되면 질서가 서지 않아 공동체의 와해현상을 보게 된다. 그렇기에 교회는 정당한 권위를 다시 회복해야 한다.

장로 가운데는 하나님께 기름 부음받은 목회자의 권위를 인정하지 않으려는 사람들이 있다. "목사가 기름 부음을 받았다면 나도 기름 부음을 받았다"는 것이다. 목사나 장로 모두가 기름 부음받은 것은 사실이다. 목사도 그것을 부인해서는 안 될 것이다.

그러나 목사에게는 평신도에게 없는 분명한 '사역상의 권위'가 있다. 하나님은 교역자를 통해서 평신도를 구비시켜서 그리스도의 몸인 교회를 세워나가도록 하셨다. 교역자가 평신도를 하나님의 말씀으로 훈련하여 평신도 한 사람 한 사람을 성숙시켜서 평신도 사역자로 세워야 한다. 그래야 그들이 그리스도의 몸을 온전하게 섬길 수 있다. 하나님은 목사에게 한 교회를 위임하셨다. 그리고 그 교회의 방향을 잡아나가도록 세워주셨다.

그래서 마틴 루터는 말한다. "목사와 다른 신자 사이에 어떤 차이, 특히 신분상의 차이는 존재하지 않는다 할지라도 하나님의 특별한 명령으로 어떤 봉사가 하나의 직분으로 바뀔 수 있다는 점에서 목사의 직분은 다른 것과 확실히 구별된다."

칼빈 역시 교역자의 차별성을 강조한다. "따라서 우리가 지금 논하고 있는 이 질서와 이런 종류의 통치(성직제도)를 폐지하려고 애쓰거나 필요 없는 것으로 여기는 자는 누구나 교회의 분열, 내지는 파멸과 멸망을 바라는 자들일 것이다. 그러므로 현세의 삶을 지탱하고 더욱더 중요하게 하기 위해서는 태양과 빛과 열이나 먹을 것과 마실 것이 필요하듯이 지상의 교회를 보존하기 위해서는 사도직과 목사직이 반드시 필요한 것이다."

평신도 사역을 강조했던 옥한흠 목사 역시 이에 대해서 분명한 선을 긋고 있다. "목사는 하나님이 아니다. 목사만이 제사장이나 선지자, 사도의 계승자가 아니다. 그럼에도 불구하고 목사는 함부로 취급해서는 안 되는 신성한 권위이다."

목사의 권위를 견제하는 것이 장로의 직임이라고 착각하지 말아야 한다. 교역자와 평신도는 서로 반목하고 헤게모니 싸움을 해야 할 존재가 아니다. 하나님의 비전을 이루기 위해 함께 동역해야 할 동업자이다. 함께 힘을 모아서 사탄의 권세를 대적해야 한다.

성경에서는 권위를 무시한 사람들의 결말을 많이 보여준다. 여선지자이며 지도자인 미리암은 자기 형제며 백성의 지도자인 모세를 비난하였을 때 하나님의 심판을 받아 문둥병자가 되었다(민 12:9-10). 고라와 다단과 아비람이 모세와 아론에게 대항하고 다른 지도자들을 부추겼을 때 하나님의 엄중한 심판을 받고 말았다. 하나님은 그들이 서 있는 주변 땅을 여셨다가 이들이 떨어져 죽은 후에 다시 그 땅을 닫아버리셨다(민 16장).

사울 왕의 딸이며 다윗의 아내였던 미갈은 하나님이 기름 부으신 다윗에 대해 대적하는 말을 함으로써 남은 생애 동안 아이를 낳지 못하는 비운을 맞았다. 선지자 엘리사가 길을 걷고 있을 때 그를 보고 조롱하던 42명의 아이들도 곰에 물려죽었다(왕하 2:23-24). 그래서 네비게이토선교회의 창시자인 도슨 트로트맨은 "나는 주의 기름 부으신 자를 건드리는 사람에게 엄중하게 진노하시는 하나님의 심판을 여러 번 보아왔다"고 말한다.

다윗은 그 사실을 잘 알고 있었다. 그래서 사울이 자신을 죽이려고 계속해서 추적하고 있었지만 하나님이 그의 직위를 박탈하지 않는 한 다윗은 하나님을 경외하는 마음으로 사울에게 아무런 해도 끼치지 않았다. 장로는 도슨 트로트맨이 하는 경고를 가슴에 새겨야 한다. "성령을 근심하게 하고 영혼을 황폐하게 만드는 지름길은 다른 영적 권위자에 대하여 비방하는 말을 하는 것이다."

다른 목회자나 영적 지도자들이 하는 말이 모두 다 자기와 맞지 않는다 하더라도 사람들이 그들의 좋은 점마저도 받아들이지 못하도록 그들을 비방해서는 안 된다. 그들이 한 말이나 행동을 이해할 수 없다는 이유만으로 내가 모든 것을 다 알고 있다든가, 판단할 수 있는 능력이 나에게 있다고 단정 지을 수는 없다. 도리어 이해할 때까지 충분한 시간을 하나님 앞에서 갖지 않았기 때문에 이해가 되지 않는 경우일 수도 있다.

영적 지도자나 다른 사람들이 어떤 면에서 오류를 범하더라도 그들의 다른 모든 면은 올바르다는 사실에 대해 우리의 생각이 의구심을 일으키지 않도록 유의할 필요가 있다. 만일 어느 교역자의 생활과 사역에 고쳐야 할 점이 있어 부득이하게 언급해야 할 경우에는 하나님이 그 사람에 대하여 보여주시는 만큼만 말해야 한다.

하나님도 우리를 생각하실 때에 부정적인 것을 꼬집어 내기보다는 긍정적인 것을 더 많이 생각하신다. 이것은 하나님이 우리의 죄를 간과하시기 때문이 아니라 그분의 성품이 자비하시고 인애하시며 온유하시기 때문이다.

우리가 영적 권위자의 위치에서 다른 권위자가 잘못한 어떤 문제를 다루어야 할 경우에도 성경은 우리가 어떻게 행동해야 하는지 명확하게 제시하고 있다.

"네 형제가 죄를 범하거든 가서 너와 그 사람과만 상대하여 권고하라. 만일 들으면 네가 네 형제를 얻은 것이요 만일 듣지 않거든 한두 사람을 데리고 가서 두세 증인의 입으로 말마다 확증하게 하라. 만일 그들의 말도 듣지 않거든 교회에 말하고 교회의 말도 듣지 않거든 이방인과 세리와 같이 여기라"(마 18:15-17).

"형제들아 사람이 만일 무슨 범죄한 일이 드러나거든 신령한 너희는 온유한 심령으로 그러한 자를 바로잡고 너 자신을 살펴보아 너도 시험을 받을까 두려워하라"(갈 6:1).

"내가 이제 세 번째 너희에게 가리니 두세 증인의 입으로 말마다 확정하리라"(고후 13:1).

참된 권위는 감동에서 나온다. 다른 사람에게 감동을 만드는 사람이 권위를 얻게 된다.

어느 날, 링컨 대통령이 백악관에서 자신의 구두를 열심히 닦고 있었다. 이를 우연히 본 친구가 깜짝 놀라면서 말했다.

"아니, 대통령이 자기 신발을 닦다니 말이 됩니까?"

이 말을 들은 링컨 대통령은 깜짝 놀라면서 되물었다.

"아니 그럼, 미국 대통령은 남의 신발도 닦아야 합니까?"

링컨은 상황을 유머로서 부드럽게 만드는 여유를 발휘했다.

진정한 권위란 무엇인가? 권위는 목에 깁스를 하는 것이나, 아랫사람들에게 으름장을 놓는 데 있지 않다. 권위는 강요해서 주어지는 것이 아니다. 하나님으로부터 받은 것이요, 또 사람들을 감동시킴으로 저절로 주어지는 것이다. 권위는 스스로 종이 되어 다른 사람을 세우고 섬기는 데 있다. 그때 사람들은 감동하고, 감동될 때 사람들은 그를 추종하게 된다.

감동을 일으키는 자원이 무엇인가? 그 사람이 갖고 있는 성품과 인격이다. 현 시대는 리더에게 재능이나 카리스마보다 민주적 자질과 품성을 더 요구한다. 리더의 능력이 아무리 뛰어나도 인격이 부족하면 사람들을 이끄는 데 한계가 있다. 그래서 현대 리더십의 요체는 인격의 힘이다.

그래서 「인격론」을 쓴 새뮤얼 스마일즈는 "천재성과 카리스마는 항상 감탄의 대상이 되지만 그것만으로 존경을 받을 수는 없다. 존경을 불러일으키는 것은 인격이다"라고 말한다. 그렇게 볼 때 장로는 자신의 성품과 인격으로 참된 권위를 회복해야 한다. 아름다운 인격은 섬김으로 드러난다. 장로는 섬길 때 가장 아름답다.

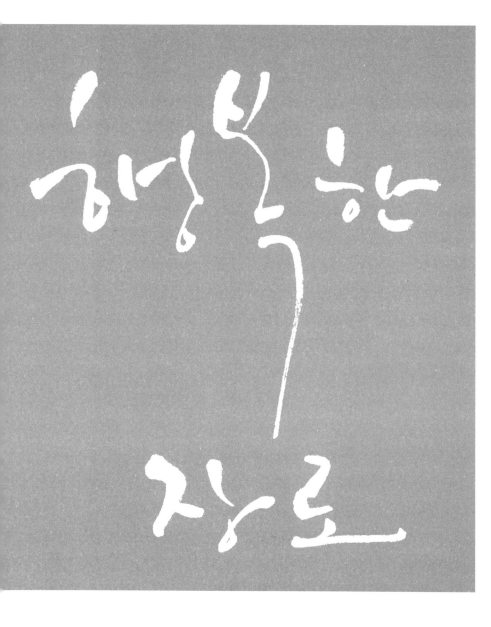

유능한 생각 조율사가 되라

모든 죄의 출발점인 우리의 생각에 하나님을
경외하는 마음이 부어지는 것이 무엇보다 필요하다.

인생은 생각하기 나름이다. 고대 철학자 아리스토텔레스는 "어떤 일
을 해야 한다고 계속 상상한다면 온 몸의 세포가 그쪽 방향으로 정
렬한다"고 말한다. 어떻게 생각하느냐에 따라 인생이나 주어진 환경
을 받아들이는 것이 달라진다. 어떻게 생각하느냐에 따라 일어나는
사건을 받아들이는 태도가 달라진다.

그렇다면 "어떤 일이 벌어지느냐?"가 중요한 것이 아니라 "어떻게
생각하느냐?"가 중요하다. 미운 행동을 해서 꼴 보기가 싫은 게 아
니라 밉다고 생각하기에 하는 일마다 싫어 보이는 것이다. 꼴 보기
싫은 것도 생각만 달리하면 예쁘게 보일 수도 있다.

생각은 운명을 결정한다. 열 명의 정탐꾼은 불신앙으로 말미암아 광
야에서 매장되었다. 그러나 여호수아와 갈렙은 믿음으로 말미암아

가나안 땅에 들어갔다. 축복을 받으려면 축복받을 생각의 씨를 심어야 한다. 성공하고 행복해지려면 성공할 수 있고 행복해질 수 있다는 생각을 마음의 정원에 심어야 한다. 그렇지 않으면 실패가 찾아오고 불행이 찾아온다.

생각은 관계를 결정한다. 좋은 관계를 가지려면 좋은 생각을 심어야 한다. 상대방에 대한 좋은 생각은 좋은 말을 가져오고 좋은 태도로 대하게 된다. 그러면 좋은 관계가 형성된다. 그러나 부정적이고 나쁜 생각을 가지게 되면 관계는 끝없이 나빠진다.

생각은 태도를 결정한다. 생각만 잘하면 감사가 넘친다. 그러나 잘못된 생각을 하게 되면 불평불만만 가득하게 된다. 세상에 감사하지 못할 일은 없다. 단지 생각을 잘못하기 때문에 감사가 사라지는 것이다. 병든 생각이 문제인 것이다.

생각은 감정을 통제하고 행동을 결정한다. 기분 나쁜 일을 당했을 때도 생각만 잘하면 전혀 감정이 상하지 않는다. 문제는 기분 나쁜 일이 생긴 것이 아니다. 내 생각을 잘못 조정하고 있기 때문에 감정이 상하게 되는 것이다. 동일한 상황 속에서도 어떤 사람은 기분이 좋은 반면, 어떤 사람은 불쾌해 한다. 그것은 생각이 감정과 행동을 지배하기 때문이다. 그러므로 생각을 잘 통제하는 사람은 매사에 좋은 감정으로 살아가며 선한 행동으로 다른 사람들에게 본을 보이게 된다.

장로는 생각을 조절할 수 있는 능력을 가져야 한다. 장로가 어떤 생각을 갖느냐에 따라 자신의 운명뿐만 아니라 공동체의 운명을 결정할 수 있다. 그렇기에 장로는 최악의 상황이 있는 것이 아니라 최악의 생각만 있을 것이라는 사실을 명심해야 한다.


## 고정관념을 버리라

사람들은 육체적으로 범한 성적인 범죄를 간음이라고 말한다. 그러나 예수님은 마음으로 음욕을 품은 것도 이미 간음한 것이라고 해석하셨다. 사람들은 육체적으로 사람을 죽인 것만 살인한 것으로 간주한다. 그러나 예수님은 마음으로 미워하는 것도 이미 살인한 것이라고 말씀하셨다. 예수님의 음행과 살인에 대한 프레임은 우리와 너무나 달랐다.

어느 날, 하나님은 기도하는 베드로에게 환상을 보여주셨다. 하늘이 열리고 한 그릇이 내려왔다. 네 귀를 매어 땅에 내려오는 큰 보자기 안에는 각종 네 발 가진 짐승과 기는 것과 공중에 나는 것들이 있었다. 하나님은 베드로에게 말씀하셨다. "베드로야 일어나 잡아먹어라"(행 10:13).

그런데 문제가 생겼다. 그 그릇 안에 있는 음식들을 유대인이 지키는 음식법에 의하면 부정한 음식들이어서 먹을 수가 없었다. 그래서 베드로는 하나님 앞에 대답한다. "주여 그럴 수 없나이다. 속되고 깨끗하지 아니한 것을 내가 결코 먹지 아니하였나이다"(행 10:14). 하나님은 세 번이나 베드로를 설득했고 그 후에야 베드로는 하나님의 뜻을 받아들였다.

복음은 이미 성속의 개념을 바꾸어 놓았다. 그러나 베드로는 아직 복음 안에서 음식을 재해석하지 못했다. 하나님은 이방인인 고넬료를 깨끗하다고 보셨다. 그러나 베드로는 아직까지 이방인인 고넬료가 깨끗하지 못한 존재이기 때문에 교제를 나눌 수 없다고 생각했다. 그래서 하나님은 베드로의 고정관념을 깨뜨리고 계셨다.

맥스웰 몰츠는 성공적인 삶을 사는 비결 중 하나로 "사고의 전환이 필요하다"고 강조한다. 사람들의 고개는 좌우로 180도밖에 돌지 않는다. 그러나 인간의 사고는 360도 한 바퀴를 돌릴 수 있다. 이렇듯 사고를 바꾸면 세상이 달리 보인다.

어느 전통 있는 교회에 젊은 목사가 새로 부임했다. 그 교회에는 피아노가 강단 바로 밑에 있었고, 반주자가 앞자리에 앉아 있어 설교하기가 불편했다. 그래서 피아노를 옆으로 옮겨 놓았다. 다음 주였다. "당회 허락도 없이 임의로 피아노를 옮겨놓았다"고 해서 사직 압력을 받았다. 결국 그 목사는 아무것도 아닌 일로 인해서 교회를 떠나야만 했다.

다시 새로운 담임목사가 부임했다. 후임 목사 역시 피아노 때문에 설교하기가 불편했다. 하지만 이미 피아노를 옮겼다가 목사가 쫓겨났다는 소식을 들었다. 고민을 했다. 그러다가 방법을 찾아냈다. 아무도 모르게 한 주에 조금씩 옮기기 시작했다. 어느덧 1년이 지나 연말 쯤 되었다. 아무도 눈치 채지 못한 사이에 피아노는 저 옆으로 옮겨져 있었다. 아무것도 아닌 문제를 가지고 이렇게 힘들게 목회를 해야 하는가? 고정관념만 떨쳐버리면 과감하게 바꿀 수도 있는 일이 아닌가?

성공학의 대가 존 맥스웰은 '100% 실패하는 사람들의 여섯 가지 습관'을 다음과 같이 소개한다. "첫 번째, 패배의식이다. 두 번째, 멈추어버린 성장이다. 세 번째, 계획 없는 인생이다. 네 번째, 무변화이다. 다섯 번째, 다른 사람과의 관계 실패이다. 여섯 번째, 성공을 위한 대가를 무시하는 태도이다." 누구나 변화를 원한다. 그러면서도 변화를 두려워한다. 그러나 변화를 꺼리는 것은 실패하는 인생을 낳는다.

변화를 원하지 않는 교회는 숨 막힐 정도의 전통과 권위로 가득 찼다. 싸울 것을 가지고 싸워야 한다. 얼마나 많은 사람이 진리가 아닌 전통을 가지고 싸우면서 에너지를 소진하고 있는지 모른다. 비본질적인 것을 본질로 착각하고 갈등하고 싸운다. 이렇게 해도 괜찮고 저렇게 해도 괜찮은 것은 고정관념을 버리고 수용하면 된다.

강단에 서는 목사가 성의를 착용해야만 하는가? 요즘은 권위적이고 개방적인 세대에게는 답답함을 준다고 해서 성의를 입지 않는 교회가 많다. 목사가 주일에 흰색 와이셔츠만 입어야 하는가? 다른 색 와이셔츠를 입으면 복음에서 벗어나는가? 왜 복음의 진리와 아무 상관없는 것을 가지고 얼굴을 붉히고 비난하는지 이해가 되지 않는다. 강단에 슬리퍼가 아닌 신발을 신고 올라가면 불경건한가? 예전에는 상상도 하지 못했지만 최근에는 구두를 신고 그대로 올라가지 않는가?

장로는 경직된 생각, 고정되고 획일적인 생각을 탈피해야 한다.

문제가 될 것을 가지고 문제를 제기해야지, 문제가 될 일도 아닌 것을 고정관념과 전통에 사로잡혀 "잘못됐다"고 반대해서는 안 된다. 문화나 사고는 나이나 성별, 지역 등에 따라 각기 다르다. "이것이 아니면 안 된다"고 하는 것은 억측에 불과하다.

어느 교회에 담임목사가 새로 부임했다. 부임한 지 채 한 달도 되기 전에 장로 몇 분이 담임목사를 찾아와 이렇게 말했다. "주일 예배 찬양대가 찬양을 하는 동안 목사님이 찬양대를 보고 서 계시는 것이 그리 좋게 보이지 않네요. 왜냐하면 혹 교인들 중에는 찬양대의 찬송을 목사님이 받으시는 것처럼 오해하는 분도 있는 것 같기 때문입니다. 찬양은 오직 하나님만 받으시는 것이 마땅하기에 건의합니다. 찬양대가 찬송하는 동안에는 사회 보시는 목사님이 강단 의자에 앉으시는 것이 좋을 듯합니다."

어떻게 생각하는가? '꼭 이래야만 한다'고 생각하는가? 문제는 이렇게 하느냐, 저렇게 하느냐가 아니다. 경직된 사고 자체가 문제인 것이다. 복음과 진리는 바뀌지 않는다. 그러나 복음을 담는 문화라는 그릇은 얼마든지 바뀔 수 있다. 장로는 우물 안 개구리식 사고를 하지 말아야 한다. 장로쯤 되면 내가 배운 것, 내가 아는 것, 내가 경험한 것이 전부인 양 고집을 부려서는 안 된다. 폭넓은 사고를 위해 다양한 교회를 경험해보는 것도 좋다. 독서를 통해 사고의 폭을 넓히는 것도 좋다.

때때로 교회에서 어떤 방법이나 취향의 문제로 의견의 일치를 보지 못하여 분열되는 경우도 있다. 욕심이나 자존심이 작용하여 서로를 이해하고 양해함으로써 한마음을 이루는 일에 실패했기 때문이다. 성숙한 그리스도인은 받으려고 하지 않고 먼저 주려고 한다. 자기의 주장을 관철하려고 하지 않고 양보할 줄 안다. 그러나 어린아이 같은 신앙인은 자기중심적인 고집에서 벗어나지 못한다.

조용한 멜로디가 깔리다 후렴 부분쯤 드럼, 기타, 건반 등이 동시에 강렬한 음악을 연주하면 회중이 두 손을 들고 큰소리로 찬양하고, 찬양인도자의 멘트에 따라 통성으로 기도한다. 설교자는 캐주얼복장으로 말씀을 전하고, 예배 끝부분에는 옆자리에 앉은 교인들과 서로 화답하며 축복송을 부른다. 어떻게 생각하는가? 익숙하지 않은 분위기가 아닌가? 최근 젊은이 예배가 대부분 이런 추세로 가고 있다. "저건 자기감정 도취일 뿐이지 예배가 아니야"라고 말할 것인가? 이런 사고를 가지면 젊은 세대와 소통하기란 어렵다. 젊은 세대를 끌어안을 교회는 경직된 사고의 틀을 깨고 열린 사고를 가져야 한다. 그렇지 않으면 세대차를 극복할 수가 없다.

새로 부임한 목사는 대개 의욕이 넘치고 변화를 추구한다. 그러나 그런 신임목사를 보는 장로들의 시각은 전혀 다르다. 특히 나이든 장로들은 생리적으로 변화를 싫어한다. '전에는 이랬었는데…' 하는 전통적 가치관에 사로잡혀 새로운 변화에 너무 인색하다. 그래서 새로 부임한 젊은 목사가 이것저것 새로운 변화를 모색하는 것을 보면 왠지 불안해하고 못마땅해한다.

더구나 신임목사가 충분한 시간을 두고 당회에서 장로들과 폭넓은 토론이나 의사를 물어 공감대가 형성된 후에 시행하면 다행인데,

그렇지 못한 경우에는 오래된 장로들의 감정은 극도로 예민해질 수밖에 없다. 굴러 들어온 돌이 어느 날 갑자기 기둥을 갈아세우겠다고 주춧돌을 빼려한다는 생각을 하는 것이다.

무조건 새로운 것만을 추구하는 것도 옳지 않지만 그렇다고 무작정 오래된 전통만을 고집하는 것도 바람직하지 못하다. 시대와 문화가 변함에 따라 스스로 고정관념을 버리고 생각의 틀을 바꾸지 않는다면 장로들은 더 이상 교인들에게 영향력을 끼치지 못할 것이며, 교회에서 도태되고 말 것이다.


## 유능한 생각 코디네이터가 되라

베데스다 연못가에 수많은 환자가 즐비하게 앉아 있었다. 이들은 "물이 동할 때 천사가 내려오는데 그때 가장 빨리 연못에 뛰어드는 사람은 어떤 질병이든지 고침을 받는다"는 전설을 믿었기 때문이다. 그 자리에 38년 동안 한 번도 걸어본 적이 없는 앉은뱅이가 있었다. 그는 늘 절망만을 느낄 수밖에 없었다. 왜냐하면 자기가 허둥지둥 기어가려고 하면 다른 사람들이 잽싸게 달려갔기 때문이다. 그래서 그는 원망과 불만으로 가득 차 있었다. 하지만 그는 몸을 고치기 전에 먼저 마음의 병을 고쳐야 했다.

모세는 약속의 땅 가나안을 들어가기 전에 가데스 바네아에서 먼저 열두 명의 정탐꾼을 파견했다. 가나안 땅과 그 상황을 정탐하기 위함이었다. 이들은 40일 동안 정탐을 끝내고 돌아왔다. 그리고 모세에게 보고했다. 열 명의 정탐꾼은 가나안 땅을 악평했다. 그들은 가나안 땅에 살고 있는 네피림 후손인 아낙 자손의 거인들을 보고 이렇게 보고했다. "우리는 스스로 보기에도 메뚜기 같으니 그들이 보기에도 그와 같았을 것이니라"(민 13:33). 그 말을 들은 백성들은 밤새 통곡하며 울었다. 그리고 과거 애굽생활을 그리워하면서 모세를 향해 원망했다. "우리가 한 지휘관을 세우고 애굽으로 돌아가자!"

그러나 여호수아와 갈렙은 그 열 명과 함께 동일한 상황을 보고 듣고 느꼈음에도 불구하고 다른 생각을 가지고 있었다. "여호와께서 우리를 기뻐하시면 우리를 그 땅으로 인도하여 들이시고 그 땅을 우리에게 주시리라. 이는 과연 젖과 꿀이 흐르는 땅이니라. 다만 여호와를 거역하지는 말라. 또 그 땅 백성을 두려워하지 말라. 그들은 우리의 먹이라"(민 14:8-9).

열 명은 부정적인 사고를 했다. 그들의 생각에는 비교와 원망, 불평으로 가득 차 있었다. 그러나 여호수아와 갈렙은 긍정적이고 적극적인 사고를 했다. 동일한 것을 보고 들었는데도 불구하고 왜 이들의 생각은 이처럼 달랐을까? 그것은 믿음의 문제이다. 여호수아와 갈렙은 하나님을 향한 믿음으로 그 상황을 보고 생각하고 판단하고 말한 것이었다. 믿음의 사고 속에서는 불가능도 가능하게 보인다. 그렇기에 좋은 생각을 조율하는 코디네이터가 되려면 먼저 자신의 믿음을 점검해보아야 한다.

큰 믿음의 소유자는 늘 생각이 긍정적이고 건전하다. 로마의 백부장을 보라. 큰 믿음을 가졌기에 그는 예수님께 이렇게 부탁한다. "주여 내 집에 들어오심을 나는 감당하지 못하겠사오니 다만 말씀으로만 하옵소서. 그러면 내 하인이 낫겠사옵나이다"(마 8:8). 그는 당시 로마 군대를 지휘하는 높은 계급에 있는 사람이었다. 그러나 그는 겸손한 마음을 가졌다. 그의 생각은 긍정적이고 매우 적극적이었다. 시공간을 초월해서 일하시는 예수님의 능력을 믿었다.

"오만가지 잡생각"이란 말이 있다. 우리의 사고체계는 복잡하다. 미국의 쉐드 햄스터드라는 심리학자는 "인간이 하루에 몇 가지 생각을 하며 살아가는가?"를 조사했다. 그 결과 인간은 하루에 4~6만 가지 생각을 하며, 그중 75%는 부정적인 생각이고, 10%는 잡생각이며, 15%만이 긍정적이고 희망적인 생각을 한다고 말한다.

성공적인 인생을 살려면 부정적인 생각을 줄여야 한다. 대신 긍정적이고 희망적인 생각으로 살아가야 한다. 비관적이고 비판적인 생각을 줄이고 아름다운 생각을 길들여야 한다. 생각의 시소게임을 잘해야 한다. 절망과 희망의 시소게임, 긍정적인 생각과 부정적인 생각의 시소게임에서 저울추가 어디로 기울고 있는가?

때때로 하나님과 원수가 되는 '육신의 생각'을 품는 자들이 있다. 그 결과가 무엇인지 아는가? 파멸이다. "육신을 따르는 자는 육신의 일을, 영을 따르는 자는 영의 일을 생각하나니 육신의 생각은 사망이요 영의 생각은 생명과 평안이니라. 육신의 생각은 하나님과 원수가 되나니 이는 하나님의 법에 굴복하지 아니할 뿐 아니라 할 수도 없음이라"(롬 8:5-7). 장로는 영의 생각을 해야 한다. 하나님이 기뻐하시는 생각을 품어야 한다. 악한 영은 우리로 하여금 육신을 위한 생각에 잠기도록 유혹하기 때문이다.

사모가 교회에서 활동하는 것이 좋은가, 하지 않는 것이 좋은가? 성경적인 해답은 주어져 있지 않다. 다만 그 사모의 성향에 따라 달라질 문제이다.

교회를 개척해서 지금은 500여 명의 중형교회로 성장시킨 목사님이 계신다. 교회를 개척할 당시에는 일꾼과 자금이 부족했다. 그래서 사모가 기독교 용품사업을 하면서 교회 재정을 충당하였고, 목사님과 사역도 같이했다.

이미 성장한 교회가 되었지만 지금도 이 사모는 수요 찬양을 인도하고, 새가족부를 맡아서 사역에 동참하고 있다. 목사님이 부흥집회를 가면 함께 가서 찬양을 인도한다. 그뿐만 아니라 교회 안에서 안수집사 부인들을 교육시키기도 한다. 사모가 가진 은사와 능력을 교회 부흥을 위해 십분 활용하고 있는 것이다.

한편 이런 교회도 있다. 어느 날, 장로 몇 분이 담임목사에게 찾아왔다. 그리고 사모에 대해서 여러 가지를 주문했다.

"사모님이 교회 일에 간섭하지 않았으면 좋겠습니다. 사모님이 교역자실에 들어오는 것을 심리적으로 부담을 느낀다고 하네요. 그리고 사모님이 교인들과 어울려 이런저런 이야기를 나누는 게 보기가 좋지 않습니다."

그렇다면 그 교회에서 사모가 교회 사역이나 교역자의 활동에 관여를 해서 그런 요구를 하는 것인가? 그렇지는 않다. 그 사모는 부부가 함께하는 사역 외에는 교회 안에서 그 어떤 활동도 하지 않는다. 심지어 대심방 때도 동행하지 않는다. 단지 오랜된 교회의 전통이 사모의 역할을 목사인 남편의 아내 역할만을 강요할 뿐이다.

그러나 교회가 사모를 마네킹으로 세워 둘 필요는 없다. 하나님이 사모에게 주신 은사와 재능이 있다. 그리고 사모들 가운데는 일반 평신도 리더들보다 훨씬 유능한 경우도 많다. 그것을 구태여 사장시켜버릴 필요가 있는가? 물론 사모가 사역을 해서 나타나는 부정적인 면도 없지는 않다. 그러나 장점도 많지 않은가? 사실 교회 부흥이나 교인들에 대한 애착이 부교역자보다 더 크면 크지 결코 적다고 할 수는 없다. 그렇다면 소그룹이나 새가족부를 맡는다고 해도 무리가 없지 않을까!

친구 목사의 사모는 커피 내리는 법을 배워서 교회에서 운영하는 북카페에서 바리스타로 매일 봉사하고 있다. 사모가 교회 사역에 동역할 수도 있고 그렇지 않을 수도 있다. 교회의 상황이나 교회의 전통, 규모에 따라서 달라질 수 있다. 어느 것이 정답이라고 고집해서는 안 된다. 이럴 수도 있고 저럴 수도 있다. 그런데 구태여 부정적인 사고를 가지고 바라볼 필요가 있겠는가! 긍정적인 관점에서 보면 오히려 더 좋을 수도 있다.

하나님은 우리의 생각을 순결한 생각으로 바꾸라고 말씀하신다. "형제들아 무엇에든지 참되며 무엇에든지 경건하며 무엇에든지 옳으며 무엇에든지 정결하며 무엇에든지 사랑받을 만하며 무엇에든지 칭찬받을 만하며 무슨 덕이 있든지 무슨 기림이 있든지 이것들을 생각하라"(빌 4:8).

이에 대해서 도슨 트로트맨은 이렇게 말한다. "만일 우리에게 비판적인 생각, 악한 생각, 용서치 않으려는 생각, 정욕적인 생각, 불신앙적 사고가 들어올 때 이에 대해 미워하는 마음이 즉각적으로 일어나지 않는다면 우리 마음 한구석에는 아직도 그 죄를 사랑하는 마음이 있는 것이다. 그렇다면 우리는 이 부분에 대한 숙제가 남아 있음을 알고, 죄를 사랑하는 마음을 하나님 경외하는 마음으로 바꿔주시도록 기도해야 한다."

장로는 자기 안에 일어나는 생각의 방향을 바로 설정해야 한다. 방향을 잘못 조정하게 되면 자신의 명예를 더럽힐 뿐만 아니라 목회 사역과 교회 공동체에 큰 해악을 가져올 수 있다. 그렇다면 생각의 방향을 어떻게 설정해야 하는가?

첫째, 작은 생각에 갇히지 말고 큰 생각을 가져야 한다. 둘째, 비관적이고 부정적인 생각을 버리고 낙관적이고 긍정적인 생각을 가져야 한다. 셋째, 소극적인 생각을 버리고 적극적으로 생각해야 한다. 넷째, 자기중심적인 생각을 버리고 타인 지향적인 생각과 객관적인 생각을 가져야 한다. 자기는 다 옳고 남은 다 틀렸다는 식의 사고방식을 버리라. 다섯째, 닫힌 사고를 버리고 열린 사고를 가져야 한다. 흑백논리를 버리라. 여섯째, 떨쳐버려야 할 생각을 너무 깊이 묵상하고 집착하지 말아야 한다. 우리가 품는 생각 속에는 보탬이 안 되는 생각도 있다.

어떤 광고에 "생각하는 대로 해. 그게 답이야!"라는 카피가 나온다. 그러나 생각은 통제되어야 한다. 통제되지 않는 생각은 잘못된 결과를 낳을 수 있다. 장로는 생각을 통제하는 지혜를 가져야 한다. 통제된 생각대로 하는 것이 답이다. 아무렇게나 생각하면 안 된다. 장로는 성경적으로 생각하는 지혜를 가져야 한다.

통제된 생각을 가지려면 그리스도를 주인으로 삼아야 한다. 장로는 자신의 생각을 사로잡아 그리스도께 굴복시켜야 한다. "이는 우리가 다 반드시 그리스도의 심판대 앞에 나타나게 되어 각각 선악간에 그 몸으로 행한 것을 따라 받으려 함이라"(고후 5:10). 그리스도께 굴복되지 않은 생각은 악하지만 그리스도께 굴복된 생각은 선하다. 그리스도께 굴복된 삶을 산다면 어떻게 거짓되고 악한 생각을 품겠는가? 그리스도께서 통제하는 대로 생각하라. 내 마음대로, 내 감정대로 생각하도록 내버려두는 것은 매우 위험하다. 장로는 그리스도께 통제되는 성경적인 사고를 할 수 있어야 한다.

통제된 생각을 가지려면 성장된 생각을 가져야 한다. 성장하지 않은 장로는 마치 어린아이처럼 생각한다. 어른이 되었으면 어린아이와 같은 생각을 버리고 성숙한 어른의 생각을 가져야 한다. "내가 어렸을 때에는 말하는 것이 어린아이와 같고 깨닫는 것이 어린아이와 같고 생각하는 것이 어린아이와 같다가 장성한 사람이 되어서는 어린아이의 일을 버렸노라"(고전 13:11). 장로가 되었으면 모름지기 어른처럼 생각하는 습관을 가져야 한다.

# 마음의 정원을 아름답게 가꾸라

생각이 사람을 만든다. "대저 그 마음의 생각이 어떠하면 그 위인도 그러한즉 그가 네게 먹고 마시라 할지라도 그의 마음은 너와 함께하지 아니함이라"(잠 23:7). 이에 대해 도슨 트로트맨은 "모든 죄는 마음속의 생각에서 비롯된다. 따라서 우리의 생각이 거룩한 만큼 거룩한 사람이 된다"고 말한다.

생각은 '마음의 밭'에서 나온다. "입에서 나오는 것들은 마음에서 나오나니 이것이야말로 사람을 더럽게 하느니라. 마음에서 나오는 것은 악한 생각과 살인과 간음과 음란과 도둑질과 거짓 증언과 비방이니"(마 15:18-19). 아름다운 생각을 위해서는 아름다운 마음밭을 꾸며야 한다. 아름다운 마음은 아름다운 생각을 낳고, 아름다운 생각은 아름다운 인생을 경작한다. 축복은 아름다운 생각에서 시작된다.

예수님은 바리새인들에게 이렇게 말씀하셨다. "독사의 자식들아 너희는 악하니 어떻게 선한 말을 할 수 있느냐 이는 마음에 가득한 것을 입으로 말함이라. 선한 사람은 그 쌓은 선에서 선한 것을 내고 악한 사람은 그 쌓은 악에서 악한 것을 내느니라"(마 12:34-35). 마음에 가득한 악한 것은 입으로 내뱉어지게 된다. 마음이 말의 저수지다. 말이 거칠고 거짓된 사람은 그 마음이 부패하기 때문이다.

예레미야는 "만물보다 거짓되고 심히 부패한 것은 마음"(렘 17:9)이라고 지적한다. 부패한 마음에서 나올 수 있는 생각이 어떤 것이겠는가? 이에 대해서 도슨 트로트맨은 "우리의 말과 행위에 대해서만 회개하는 것은 충분하지 않다. 우리의 악한 생각까지도 회개해야 한다"고 강조한다(사 55:7, 시 19:14). 부패한 마음을 예수님의 마음으로 깨끗하고 지혜롭게 바꾸어야 한다. 하나님의 은혜로 구속받은 마음은 아름다워질 수 있다. 성령의 통치 아래 있는 마음이야말로 아름다운 생각을 낳을 수 있다.

예수님은 씨 뿌리는 자의 비유를 말씀하시면서 이스라엘 백성들처럼 '완악한 마음'을 품지 말라고 지적하신다. "이 백성들의 마음이 완악하여져서 그 귀는 듣기에 둔하고 눈은 감았으니 이는 눈으로 보고 귀로 듣고 마음으로 깨달아 돌이켜 내게 고침을 받을까 두려워함이라"(마 13:15). 농부는 동일한 씨를 뿌린다. 그런데 결과는 너무나 다르다. 좋은 땅에서는 백 배, 육십 배, 삼십 배의 열매를 맺었다. 그러나 길가나 흙이 얕은 돌밭, 가시떨기 밭에 뿌려진 씨는 아무런 열매를 맺을 수 없었다. 씨가 문제인가, 농부가 문제인가? 그렇지 않다. 단지 밭의 문제일 뿐이다.

누군가 "컵이 되는 것을 멈추고 호수가 되라"고 조언했다. 컵과 같은 마음에는 자그마한 것이 들어가면 넘쳐나게 된다. 컵과 같이 좁디좁은 마음에는 하찮은 일에도 상처받고 부정적인 감정으로 불타오른다. 그러나 호수는 아무리 채워도 표시가 나지 않는다. 넓은 마음에는 웬만한 아픔도 상처가 되지 않는다. 마음과 생각의 사이즈를 넓히면 인생이 달라진다.

어느 젊은 목사가 담임목사로 부임해서 경험한 안타까운 고백을 들어보자.

"교인들은 목사가 너무 젊으면 경험이 부족하다고 하고, 머리가 희면 너무 늙어서 희망이 없다고 한다. 자녀가 많으면 무절제하다고 하며, 자녀가 없으면 하나님의 무슨 저주를 받은 것처럼 생각한다. 사모가 교회 일을 조금이라도 간섭하면 너무 설친다고 하고, 전혀 간섭하지 않으면 실천이 없고 교회 일에 사랑과 관심이 없다고 한다.

원고를 보면서 설교하면 무미건조하다고 하고, 원고 없이 설교하면 즉흥적으로 설교하는 목사라고 한다. 예화를 들어 설교하면 성경 말씀이 없는 설교라고 하며, 예화 없이 설교하면 너무 딱딱하고 재미없는 설교를 한다고 한다. 부잣집 심방을 가면 가난한 교인들은 무시하는 돈만 아는 목사라고 하고, 가난한 교인 집에 심방을 가면 돈 없는 교인들에게 인기를 얻으려 한다고 한다.

목사가 과감하고 단호하게 교회 일을 처리하면 독재자라고 하며, 조심스럽게 당회원과 제직들의 의견을 존중하여 처리하면 무능자라고 한다. 교인들의 잘못을 책망하면 사랑이 없는 냉정한 목사라 하며, 교인들의 잘못을 지적하지 않고 오래 참으면 타협적이고 정의감이 없는 우유부단한 목사라 한다.

설교가 좀 길면 내용 없는 장광설이라고 하고, 짧으면 설교 준비도 제대로 하지 않는 게으른 목사라고 한다. 십일조 설교를 하면 돈만 내라고 하는 목사라 하고, 헌금 설교를 전혀 하지 않으면 교인들의 신앙생활을 지도하지 않는 목사라 한다. 목사가 잘살면 어려운 교인들을 이해하지 못하는 목사라 하고, 너무 못 살면 하나님의 축복을 받지 못하는 목사라 한다."

얼마나 괴로운 일인가? 목사의 썩어 들어가는 속을 누가 알아주 겠는가? 이렇게 해도 비난, 저렇게 해도 비난을 하니 어느 장단에 춤을 추어야 하는가? 문제는 무엇일까? 목사가 이렇게 하느냐, 저렇 게 하느냐가 아니다. 바라보는 사람이 좋은 마음으로 바라보면 된 다. 긍정적인 생각을 가지면 된다. 목사가 많은 장로나 교인의 입맛 을 다 맞출 수는 없다. 이 교인 저 교인의 입맛을 맞추려다 보면 자 칫 '소신 없는 목사'라고 비난받을 뿐이다. 차라리 아름다운 마음을 가지고 긍정적인 생각으로 목사를 바라보는 장로가 필요하다.

마음의 눈이 중요하다. 아름다운 눈으로 보면 세상이 다 아름답 다. 목사가 하는 일도 아름답게 보인다. 사모가 하는 행동도 예쁘고 귀엽게 느껴진다. 교인들을 보면 늘 즐겁고 행복하다. 마음의 안경 색깔이 중요하다. 검은색 안경알이냐, 빨간색 안경알이냐? 사람들 은 환경의 문제로 생각하려 하지만 사실은 마음의 안경 색깔의 문제 이다.

브라이언 카바로프가 쓴 「씨 뿌리는 사람의 씨앗주머니」란 책이 있다. 이 책은 우리의 마음을 정원에다 비유해서 알기 쉽게 설명해 주고 있다. 정원을 가꾸다 보면 심지도 않은 잡초가 너무나 잘 자란 다. 그런데 키우려고 하는 화초는 조금만 관심을 게을리 해도 시들 어버린다. 우리의 마음도 이와 같다. 나쁜 생각, 음탕한 생각, 죄에 대한 생각은 공부하지 않아도 내 마음속에서 너무나 잘 자란다. 그러나 좋은 생각, 사랑과 신앙에 대해, 게으름에 대해, 화를 내는 것에 대한 좋은 절제의 생각을 키우기 위해서는 상당히 노력을 해도 어렵다. 좋은 장로가 되려면 마음의 정원을 아름답게 잘 가꾸어야 한다.

도슨 트로트맨은 우리의 생각에 하나님을 경외하는 마음을 부어야 한다고 강조한다. "우리의 생각이 순결한 만큼 우리도 순결한 것이다. 우리의 생각이 깨끗한 만큼 우리는 능력 있는 사역을 할 수 있다. 악한 영들은 우리의 연약하고 상처받기 쉬운 취약점을 골라서 공격한다. 우리가 하는 말을 듣고, 하는 행동을 보면서 우리의 약점을 캐낸다(마 12:34 참조). 그러므로 모든 죄의 출발점인 우리의 생각에 하나님을 경외하는 마음이 부어지는 것이 무엇보다 필요하다."

하나님의 경외하는 마음, 하나님을 사랑하는 마음, 하나님을 두려워하는 마음에서 아름답고 덕스러운 생각이 나온다. 은혜로운 생각은 하나님을 경외하는 마음으로 흠뻑 젖은 마음에서 나온다.

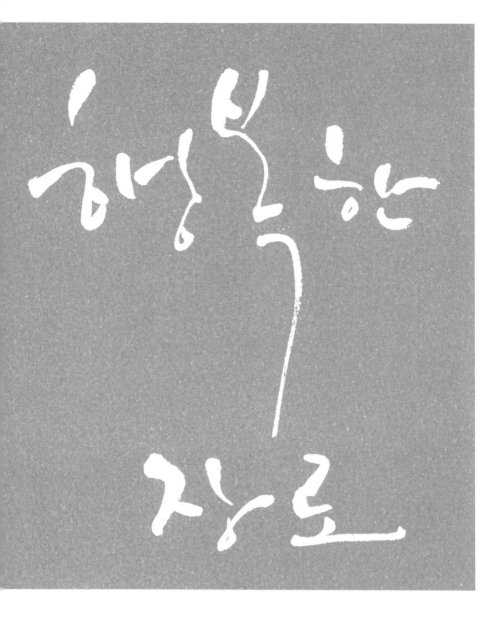

행복한 장로

훌륭한 가정 사역자가 되라

교회에서 장로의 가정은 하나의 모델이다. 장로가 화목한 가정을
이루는 것은 자신과 가족의 행복을 만드는 개인적인 목적보다 더 크다.
장로가 이루는 가정의 천국을 보면서 다른 교인들은 본을 받게 될 것이다.

예부터 가화만사성(家和萬事成)이라고 했다. 그렇다. 집안이 화목하
면 모든 일이 잘된다. 그러나 집안이 편치 못하면 하는 일마다 짜증
이 난다. 마음이 짜증나다 보면 하는 일도 꼬이게 되어 있다.

장로는 한 교회를 잘 섬기기 전에 한 가정을 잘 다스리는 훌륭한 가
장이 되어야 한다. 자기 가정을 바로 세우지 못하고 교회와 교인들
을 섬긴다고 하는 것은 어불성설이다. "사람이 자기 집을 다스릴 줄
알지 못하면 어찌 하나님의 교회를 돌보리요"(딤전 3:5). 아내에게
인정받지 못하는 남편, 자식에게 존경받지 못하는 아버지가 어떻게
많은 교인에게 인정받고 존경받을 수 있겠는가? 가정에서 가장의
권위를 세우지 못하는 장로가 어떻게 교회에서 장로의 권위를 세울
수 있겠는가?

그래서 바울은 장로의 자격으로서 '한 아내의 남편'이 되어야 할
것과(딤전 3:2, 딛 1:6), 자기 집을 잘 다스려 자녀들로 하여금 복종
하게 하는 자여야 한다고 강조한다(딤전 3:4-5). 장로는 자녀들을
믿음으로 잘 양육해야 한다. 그리고 가족들을 섬김에 있어서 믿지
않는 자뿐만 아니라 공동체의 다른 지체에게도 본이 되어야 한다.

성형외과 의사이자 베스트셀러 작가인 맥스웰 몰츠는 성공적인
인생의 비결로 "가정을 소중히 하라"고 말한다. 억대 연봉자들의 첫
번째 성공 요인은 바로 화목한 가정이었다. 훌륭한 장로는 먼저 훌
륭한 가정 사역자가 되어 가정을 행복하게 꾸며야 한다.

## 가정을 천국의 모델 하우스로 만들라

바울에게는 아름다운 동역자가 많았다. 그중에 최고의
동역자가 아굴라와 브리스길라 부부였다. 바울은 고린도에 갔을 때
천막제조업을 하는 이들 부부를 만났다. 바울도 같은 직업을 가졌다.
그런데 이들 부부는 바울과 경쟁을 하지 않고 오히려 복음을 위해 함
께 동역해주었다(행 18:3). 이들 부부는 바울에게 없어서는 안 될 헌
신된 자랑스러운 일꾼이었다. "그들은 내 목숨을 위하여 자기들의
목까지도 내놓았나니 나뿐 아니라 이방인의 모든 교회도 그들에게
감사하느니라"(롬 16:4). 바울은 편지를 쓸 때마다 이들의 이름을 거
론하면서 자랑하고 간증했다.

성경에서 이들 이름이 소개될 때 늘 한 세트로 언급되곤 한다. 이들 부부가 바울과 그가 전하는 복음을 위해 협력할 때 서로 갈등하지 않고 한마음이 되었다는 뜻이다. 그뿐만 아니라 이들은 부부금실이 좋았다고 볼 수도 있다. 이들은 서로를 보충해주고 상대편의 장점을 활용하면서 환상적인 팀워크를 이루어 효과적으로 복음을 위해 일했던 부부였다.

이들 부부는 주변 사람들에게 큰 감명을 주었다. 특히 아볼로에게 큰 영향을 주었다. 학문의 고장인 이집트 알렉산드리아 출신인 아볼로라는 유대인이 에베소에 왔다. 그는 선천적으로 언변이 좋았고 성경에 능통한 학자였다.

어느 날, 아볼로가 회당에서 설교하는 것을 들었다. 그런데 아직 요한의 세례만 알뿐 하나님의 도의 깊은 뜻을 깨닫지 못하고 있었다. 그래서 이들 부부는 아볼로의 설교가 끝나기를 기다렸다. 설교가 끝난 후에 아볼로를 따로 조용히 만나 집으로 데려다가 바울에게서 듣고 보고 배우고 확신한 복음을 더 자세히 설명해주었다.

그러자 아볼로에게 큰 도전이 일어났다. 아볼로는 바울을 만나기 위해 고린도에 가고 싶어졌다. 브리스길라와 아굴라 부부는 아볼로를 격려하고, 아가야 지역 고린도에 있는 제자들에게 아볼로를 잘 영접하라고 편지를 보냈다. 후에 아볼로는 유능한 복음의 일꾼이 되었다(행 18:24-28).

바울뿐만 아니라 복음을 위해 헌신하는 사람들에게 다양하게 도전을 주고 있는 브리스길라와 아굴라 부부야말로 얼마나 소중한 일꾼인지 모른다. 교회에도 바로 이런 부부가 많이 필요하다. 복음을 위해, 그리스도를 위해 목숨을 걸고 순종하고 헌신할 각오가 되어 있는 부부가 있다면 목회자는 이들 때문에 행복할 것이다.

가정은 교회와 더불어 하나님이 세우신 '신적인 제도'라는 점에서 특별한 의의를 지닌다. 가정은 남녀의 자연적 결합이나 인간의 사회적 본능에 의해 시작된 제도가 아니다. 하나님이 인간을 위하여 세워주신 은총의 제도이다. 그래서 루터는 가정을 '작은 교회'라고 했다. 그렇다. 가정은 작은 교회요, 교회는 확대 가정이다. 교회는 확대된 가정이어야 하고 가정은 축소된 교회여야 한다. 즉 가정과 같은 교회를 만들고 교회와 같은 가정을 이루어야 한다.

장로는 가정을 천국의 모델 하우스로 만들어야 한다. 장로는 사명감을 갖고 가정을 지옥처럼 만들지 말아야 한다. 장로의 가정이 불신자의 가정처럼 갈등으로 늘 찌푸린 인상으로 먹구름을 드리우고 있다면 어떻게 되겠는가? 장로가 아내를 구타하고 아이들에게 폭언과 폭행을 일삼는다면 어찌 본이 되겠는가? 장로의 집안에서 아버지가 무서워 자녀들이 집안에 들어오기가 싫어서 밖에서 배회한다면 어떻게 하나님의 영광이 드러나겠는가?

장로의 가정에서는 웃음소리가 흘러나와야 한다. 비록 많은 것을 갖지는 못했을지라도 서로 사랑함으로 한 상에 둘러앉아 행복하게 밥을 먹는 분위기여야 한다. 주변 사람들의 부러움을 살 수 있는 가정을 만들어야 한다.

부시 대통령의 부인 바버라 부시 여사는 어느 여대 졸업식 축사에서 이런 말을 했다. "시험에 합격하지 못했거나 거래 한 건을 성사시키지 못했다고 인생의 마지막 순간에 후회하지는 않을 것입니다. 하지만 부모, 배우자, 자녀, 친구와 더 많은 시간을 갖지 못했다면 반드시 후회하게 될 것입니다. 우리 사회의 성공 여부는 백악관이 아니라 여러분의 가정에 달려 있습니다." 성공적인 사회생활, 성공적인 교회생활보다 더 소중한 것은 바로 성공적인 가정을 만드는 일이다.

가정이 행복하지 않으면 교회 일도 제대로 할 수가 없다. 교회 일을 잘하기 위해서라도 가정을 화목하게 만들어야 한다. 부부가 싸운 후 교회에 온다고 생각해보자. 교회 사역이 효율적으로 이루어지겠는가? 아마 그날 처리하는 모든 사역이 짜증스럽고 주변 사람들에게 상처를 주게 될 것이다. 부부가 한마음이 되고 가정이 편할 때 교회 일도 즐겁게 할 수 있다. 아내가 신앙생활을 제대로 안 하고 자녀가 믿음에서 이탈될 때 교회에서 어떻게 신앙지도를 하겠는가?

나는 교회에서 겪게 되는 일을 집으로 가서 말하지 않는다. 아이들은 말할 것도 없고 아내에게도 말하지 않으려고 노력한다. 아내를 신뢰하지 못해서나 무시해서가 아니다. 아내에게 말하지 않는 두 가지 이유가 있다.

첫째, 교회에서 일어나는 좋지 않은 일이나 어떤 사람의 이야기를 아내에게 하면 아내의 마음이 우울해지기 때문이다. 아내가 우울해지면 가정이 어두워진다. 가정이 힘들어지면 목회에 영향을 미칠 수밖에 없다. 그래서 아내에게는 가능하면 말하지 않는다. 아내는 늘 기분 좋은 상태에서 가정을 섬겨주기를 바라는 마음이다. 목사 혼자 지고 가면 될 짐을 아내에게도 지워서 힘들게 할 필요가 없다는 생각이다.

또 다른 이유가 있다. 목회에 어려움을 주는 사람들이 있을 경우, 그 이야기를 아내에게 하면 아내가 그 사람에 대한 선입관이 생기게 된다. 그런 선입관이 생기면 그 성도의 얼굴을 마주칠 때 편할 리가 없기 때문이다.

교회에서 장로의 가정은 하나의 모델이다. 장로가 화목한 가정을 이루는 것은 자신과 가족의 행복을 만드는 이기적인 목적보다 더 크다. 그들이 이루는 가정의 천국을 보면서 다른 지체들은 본을 받게 될 것이다. 교회가 건강한 가정을 확보하는 것은 역기능 가정이나 부부를 치유하는 도구가 되기도 한다. 힘들어 하는 부부나 가정이 아름답고 행복한 가정과 부부를 보면서 도전받고 간접적으로 배우게 된다.

그렇다면 어떻게 행복한 가정을 이룰 수 있는가? 가정사역자 제임스 해밀톤 박사는 행복한 가정의 여섯 가지 요소를 다음과 같이 말한다. "첫째, 정직이라는 건축. 둘째, 단정이라는 실내 장식. 셋째, 애정이라는 난방. 넷째, 쾌활이라는 등불. 다섯째, 근면이라는 통풍. 여섯째, 하나님의 축복이라는 보호의 장벽과 영광." 당신의 가정에 부족한 요소가 있다면 무엇인가?

# 행복한 좋은 남편이 되라

세상의 모든 쾌락을 다 누렸던 지혜의 왕 솔로몬은 말년에 이렇게 회고한다. "네 헛된 평생의 모든 날 곧 하나님이 해 아래에서 네게 주신 모든 헛된 날에 네가 사랑하는 아내와 함께 즐겁게 살지어다. 그것이 네가 평생에 해 아래에서 수고하고 얻은 네 몫이니라"(전 9:9). 아내와 즐겁게 사는 것이야말로 인간이 누릴 수 있는 가장 큰 행복 중의 행복이라는 것이다.

"그가 비록 천 년의 갑절을 산다 할지라도 행복을 보지 못하면 마침내 다 한 곳으로 돌아가는 것뿐이 아니냐"(전 6:6). 아무리 많은 것을 누린다 해도, 오랜 세월을 산다고 해도 행복이 빠져 있다면 팥소 없는 찐빵이나 다름없다.

이런 말이 있다. "세상에서 그 무엇과도 바꿀 수 없는 것은 젊었을 때 결혼해서 함께 살아온 늙은 아내이다." 젊어서 오랜 세월을 살아온 배우자가 '지겹다'는 생각이 드는가? "만약 당신이 다시 태어난다면 지금 살고 있는 배우자와 다시 결혼을 하겠는가?"라는 질문에, 대부분의 배우자들이 "내가 미쳤어! 지금까지 산 것도 억울한데…"라고 대답한다고 한다. 얼마나 불행한 일인가?

유대인의 지혜서인 「탈무드」에는 부부에 대해 이렇게 적혀 있다. "부부가 진정으로 사랑할 때는 칼날처럼 좁은 침대에서도 함께 잘 수 있다. 그러나 사이가 좋지 않을 때는 폭이 16미터나 되는 넓은 침대일지라도 비좁다." 사랑하기에 결혼해서 행복한 가정을 꿈꾸며 사는 부부가 서로의 가슴을 향해 비수를 숨기고 있다면 너무나 비참한 일이다. 탈무드가 주는 교훈을 마음에 새기자. "아내를 이유 없이 괴롭히지 말라. 하나님은 그녀의 눈물방울을 세고 계신다." 배우자의 눈에서 눈물이 떨어지게 만들면 하나님이 그것을 갚기 위해 다 세고 계신다.

어느 주일 예배시간에 사모가 이불을 머리에 이고 강단 앞으로 나왔다. 깜짝 놀란 남편 목사가 물었다.

"아니, 이게 도대체 무슨 일이오!"

그러자 사모가 말했다.

"당신은 강단에서 설교할 때는 천사 같은데 집에서는 악마 같으니 차라리 이곳에서 살려고 왔지 않소."

웃자고 하는 예화일 뿐이다. 그러나 나는 이 예화를 정말 싫어한다. '이 정도밖에 안 되는 목사라면 목회를 하지 말지' 하는 생각이 들기 때문이다. 장로도 마찬가지가 아니겠는가?

좋은 장로가 되기 전에 먼저 좋은 남편이 되어야 한다. 때때로 부부가 갈등을 겪기도 한다. 어떤 부부는 갈등이 있을 때 며칠간 입을 다물고 시위하기도 한다. 그렇게 하고 나면 속이 편할까? 하나님께 영광을 돌릴 수 있을까? 그렇다면 갈등이 일어날 때 과연 누가 이기고 누가 져야 하는가? 그 답은 성숙한 자가 져야 한다. 장로쯤 되면 교회의 어른이다. 그렇다면 아내에게 져줄 수 있어야 한다. 가장이라는 권위를 내세워서 아내를 위협하고 억누른다면 그는 좋은 장로가 될 수 없다.

그리스도께서 우리를 어떻게 대하셨는지 생각해보라. 바울은 에베소 교인들에게 "그리스도께서 교회를 사랑하시고 그 교회를 위하여 자신을 주심같이 하라"(엡 5:25)고 권한다. 주님은 교회를 위해 자신의 목숨까지 내주셨다. 교회를 정결하고 흠 없게 보전하기 위해 세심하게 돌아보셨다. 그 사랑을 마음에 담고 살아가는 장로라면 아내를 위해 자존심쯤 접으면 어떻겠는가?

유대인의 지혜서인 「탈무드」에 이런 이야기가 있다.

혼자 사는 어느 거지가 있었다. 어느 날, 그가 길을 가다가 등이 너무 가려웠다. 등골 깊숙한 곳이라 손도 닿지 않았다. 그렇다고 누가 남의 등을 긁어주겠는가? 그래서 어느 랍비의 담장에 등을 대고 부비고 있었다. 그 광경을 그 집 주인인 랍비가 보았다. 랍비는 거지를 집으로 불러들여서 목욕을 시키고 깨끗한 옷과 좋은 음식을 주었다. 그리고 많은 용돈까지 주어 보냈다. 그러자 그 소문이 동네 모든 거지에게 순식간에 퍼졌다.

어느 약삭빠른 거지 부부가 랍비의 집으로 달려갔다. 그리고 그 집 담장에 등을 부비기 시작했다. 기대했던 대로 랍비가 그 광경을 보고 거지 부부를 집으로 들어오도록 했다. 거지 부부는 융숭한 대접을 받을 줄 알고 기분 좋게 뛰어 들어갔다. 그런데 이게 웬일인가? 랍비는 하인들을 시켜 다짜고짜 매를 치는 것이었다. 거지 부부는 하도 억울해서 "왜 이렇게 사람을 차별하느냐?"고 얼굴을 붉히며 따졌다. 그러자 주인은 이렇게 말했다.

"전에 그 사람은 대신 등을 긁어 줄 사람이 없었기에 내가 후대하였다. 그러나 너희는 부부인데, 담장에 등을 부비는 것은 옳지 못하다. 서로 등을 긁어주면 될 일이 아니냐?"

부부란 무엇인가? 서로의 필요를 느끼고 그 필요를 채워줄 수 있는 관계이다. 부부란 서로를 채워주는 존재이다. 배우자의 어려움이 무엇인지 알고, 배우자의 단점과 허물까지도 품고, 그를 위해 헌신해야 한다.

사람들은 자신을 지나치게 사랑한다. 그러나 다른 사람을 무시하고 관심도 두지 않는다. 부부란 세심한 돌봄과 섬김이 필요하지만 정작 섬김을 받으려고만 한다. 이해하고 용납하기보다는 이해받으려고만 한다. 그런데 사도 바울의 입장은 달랐다. "너희도 각각 자기의 아내 사랑하기를 자신같이 하고 아내도 자기 남편을 존경하라"(엡 5:33).

대접받고 싶은가? 그렇다면 예수님의 말씀 대로 먼저 대접하라. 내가 대접받고 싶은 대로 아내를 대접하면 아내의 태도도 달라질 것이다. 유교적인 권위를 가지고 아내를 억압하고 힘으로 누르려고 하니 존경받을 수 없는 것이다.

「탈무드」에 보면 딸을 시집보내는 친정어머니가 딸에게 들려주는 이야기가 있다. "나의 사랑하는 딸아, 네가 만일 남편을 왕처럼 존경한다면 그는 너를 여왕처럼 떠받들 것이다. 그러나 네가 하녀처럼 행동한다면 그는 너를 하녀처럼 취급할 것이다. 만일 네가 콧대를 너무 세워 그에게 봉사하기를 싫어한다면 그는 완력을 써서 너를 하녀로 만들어버릴 것이다. 네 남편이 그의 친구를 방문할 때면 그로 하여금 목욕을 하고 옷을 단정히 입고 나가게 하라. 그리고 남편의 친구가 집에 놀러 오거든 성의를 다해서 극진히 대접하라. 그렇게 하면 남편은 너를 소중히 생각해줄 것이다. 항상 가정에 마음을 쓰고 남편의 소지품을 소중히 다루라. 그러면 그는 네 머리 위에 왕관을 씌워줄 것이다."

부부는 서로를 존중해주어야 한다. 상대방을 무시하면 무시하는 것 이상으로 무시를 당하게 된다. 그러나 상대방을 존귀하게 여기면 그는 당신을 더 존귀하게 여겨줄 것이다. 내가 받고 싶은 대로 상대방을 대우하는 것이 지혜로운 인간관계의 비결이다.

부부는 때때로 변화를 통해 웃음을 만드는 지혜도 필요하다. 웃음이 넘치는 집안이야말로 행복의 꽃이 피기 마련이다. 어느 중견기업 회장이 있다. 이들 부부는 "서로 존중하며 살자"는 약속을 했다. "왕처럼 대우받고자 하면 먼저 아내를 왕비처럼 대우하고, 왕비처럼 대우받고 싶으면 먼저 남편을 왕처럼 대우하라"는 가르침을 따라 아내가 남편을 '전하'라 부르고, 남편은 아내를 '마마'라고 부르기로 정했다. 그런데 한 십 년 부르다 보니까 너무 재미가 없을뿐더러 집안 분위기까지 무거워졌다. 그래서 어느 날부터 호칭을 바꿨다. 아내가 남편을 부를 때는 '박 내시'라 부르고 남편이 아내를 부를 때는 '김 상궁'이라고 불렀다. 이렇게 서로 내시와 상궁으로 부르다 보니 절로 웃음이 나와서 집안 분위기도 좋아졌다고 한다.

부부가 행복하려면 말부터 고쳐야 한다. 상대방을 존중하는 마음은 말과 태도에서 읽혀진다. 함부로 말하거나 감정적이고 충동적으로 말하지 말아야 한다. 상처를 주는 말만 골라서 하는 남편도 많다. 아내의 감정은 여린 현과 같음을 잊지 말아야 한다. 한 번 다친 상처는 오래 간다. "입술의 30초가 가슴의 30년이 된다"는 사실을 잊지 말아야 한다. 칼보다 더 무서운 무기가 입술이다.

많은 사람이 아내를 가리켜 '집사람'이라고 부른다. 그런데 집사람은 집에서 집안일을 하는 가정부를 의미한다. 다른 사람들 앞에서 자기 아내를 낮추어 부르는 겸양의 표현이지만 차라리 아내라 부르는 것이 어떨까? 아내는 '안의 해'라고 한다. 아내는 가정의 해와 같은 존재이다.

부부간에도 기본적인 예의가 필요하다. 예의를 갖춘다는 것은 상대방을 존중한다는 의미이다. 바울도 "사랑은 무례하게 행하지 않는다"고 말한다. 배우자에게 무례한 말이나 행동을 해서는 안 된다. 내가 존중하지 않는 아내를 다른 사람들이 존중해주기를 바란다면 그것은 과도한 욕심이다. 밀러는 "훌륭한 예절이란 타인의 감정을 고려해 표현하는 기술이다"고 말한다. 장로는 아내의 감정을 고려해서 말하고 행동해야 한다.

# 아름다운 좋은 아버지가 되라

바울은 교회지도자라 함은 "자기 집을 잘 다스려 자녀들로 모든 공손함으로 복종하게 하는 자라야 할지며"(딤전 3:4)라고 말한다. 교회지도자는 교회를 잘 다스리기 전에 집안에 있는 자녀를 잘 다스려야 한다. 자녀가 방탕한 길로 들어서지 않도록 신앙으로 잘 양육해야 한다. 사실 자녀를 부모 마음대로 할 수 없는 것이 현실이다. 그럼에도 불구하고 자녀의 바른 신앙교육에 실패한다면 교회에서 권위가 세워지지 않는다.

엘리는 혼탁한 시대에 대제사장으로 세움을 받았다. 그에게는 홉니와 비느하스라는 아들 둘이 있었다. 그런데 이들은 당시 사무엘과는 대조적으로 하나님을 두려워하지 않는 자들이었다. 제사를 드리는 성물을 함부로 다루고 성적인 방종을 일삼았다. 그런데도 불구하고 엘리 제사장은 이들의 그릇된 행동을 바로 잡지 않았다. 결국 하나님의 영광이 그 집안에서 떠나는 불행을 초래했다.

자녀에 대해 「탈무드」에서는 이렇게 말한다. "자식은 어릴 때는 엄하게 꾸짖고 자란 뒤에는 꾸짖지 말라. 어린아이는 엄하게 가르쳐야 하지만 두려워하게 만들어서는 안 된다. 자식을 꾸짖을 때는 따끔하게 꾸짖되 꾸짖음을 계속 반복해서는 안 된다." 아픔을 이기고서라도 그릇된 길을 가는 자녀를 바로 잡았어야만 한다. 그런데 엘리 제사장은 자녀 교육에 실패하고 말았다.

장로는 가정에서 먼저 자녀들에게 본을 보여야 한다. 신앙은 말로써 가르치는 것이 아니다. 행동으로 가르쳐야 한다. 가정에서의 부도덕한 행동은 과일에 벌레가 들어간 것처럼 모르는 사이에 퍼져 나간다. 부모가 자식에게 나쁜 행동을 가르치고 악한 습관을 길러주지 말아야 한다. 말과 행동이 다른 이중적인 아버지의 모습을 보는 자녀가 어떻게 좋은 인격과 올바른 신앙관을 형성할 수 있겠는가? 말한 대로 사는 것이 가장 좋은 교육방법이다.

부모는 자녀에게 이중 잣대를 보여주지 않아야 한다. 교회에서는 거짓말을 하지 않지만 집에서나 직장에서 거짓말을 밥 먹듯이 한다면 자녀는 혼란을 겪을 것이다. 분노를 해가 지도록 품지 말라고 하는데 며칠간 화가 나서 말도 하지 않는 부모를 보면서 자녀는 어떻게 하나님의 말씀을 배우겠는가? 용서를 말하지만 부모가 서로 다투고 용서할 줄 모르는 모습을 볼 때 자녀는 어떻게 용서를 배울 수 있겠는가? 장로는 성경을 아는 대로 실천하는 실천적인 믿음을 가져야 한다.

장로들 가운데 유교의 권위주의에 사로잡힌 사람들을 종종 보게 된다. 가정에서 가장으로서의 권위는 잃지 말아야 한다. 그러나 권위를 가지고 가족들의 숨통이 막히게 하는 가장이 되어서는 안 된다. 무서운 아버지상을 가진 자녀들은 하나님을 무서운 하나님으로 이해해서 하나님과 친밀한 관계를 맺기가 어렵다.

장로는 말의 위력을 잊지 말아야 한다. 격려와 칭찬 한마디로 자녀의 인생을 바꾸어 놓을 수 있다. 소설가 마크 트웨인은 "나는 한번 칭찬을 받으면 두 달간은 잘 지낼 수 있다"고 말한 적이 있다. 그의 말대로라면 일 년에 여섯 번 칭찬을 받으면 일 년 동안 사랑의 그릇은 일정한 수준을 유지하면서 지낼 수 있는 것이다.

칭찬은 비난의 7분의 1에 해당하는 무게라고 한다. 즉 칭찬 일곱 번을 하고 비난 한 번을 해도 그 무게가 같다는 뜻이다. 비난은 인간에게 그 정도로 나쁘다. 잘못한 것에 집중하여 그것을 강조하면 할수록 더욱 잘못할 가능성이 커지고 부정적인 힘만 커진다. 좋은 부모는 함부로 비난하고 정죄하지 않는다. 칭찬은 긍정적인 힘에 더욱 집중할 수 있게 만든다. 자녀와 좋은 관계를 유지하기 위해서는 말투를 고치고 말하는 내용을 점검해야 한다.

자녀는 부모의 말씨를 흉내 낸다. 아이의 말투만으로 그 부모의 성품을 알 수 있다. 장로는 절대로 집안에서 악한 말을 사용하지 말아야 한다. 말은 씨앗이다. 자녀의 성품과 운명이 부모가 심는 말대로 형성된다. 지키지 못할 말을 함부로 하지 말아야 한다. 부모는 가볍게 생각하는 것도 자녀는 소중하게 여긴다. 그렇기에 부모가 자녀와 약속한 것은 반드시 지켜야 한다. 약속을 지키지 않으면 자녀에게 거짓말을 가르치는 것과 같다.

베스트셀러 작가인 레일 라운즈는 그의 저서 「사람을 얻는 기술」에서 "상대방의 마음을 잘 받아주라!"고 강조한다. 부모는 자식의 말을 잘 받아주어야 한다. 자식이 부모의 말에 복종하는 것은 익숙하다. 그러나 부모가 자식의 말을 잘 받아준다는 것은 익숙한 가르침이 아니다. 좋은 부모는 자식의 말에 귀를 기울일 줄 안다. 그 말을 무시하지 않고 잘 받아주는 너그러움을 갖고 있다.

기독교 상담학자 게리 채프만은 그의 저서 「5가지 사랑의 언어」에서 부부가 서로 다른 사랑의 언어를 나누는 것에 대해서 이렇게 정리하고 있다. "첫 번째 사랑의 언어는 인정하는 말이다. 두 번째 사랑의 언어는 육체적인 접촉이다. 세 살 때까지 엄마의 젖을 빨고 신체적 접촉이 많은 아이는 성장해서 암에 걸릴 확률이 거의 없다고도 하지 않는가. 허깅이야말로 자녀를 위한 정신적인 양식이다. 세 번째 사랑의 언어는 함께하는 시간이다. 시간이 관계이고 사랑이다. 함께하더라도 의미 있는 시간을 만들어야 한다. 자녀들과 더불어 자주 여행하고 많은 것을 보고 느끼고 얘기하도록 하라. 네 번째 사랑의 언어는 봉사이다. 다섯 번째 사랑의 언어는 선물이다. 가족간의 애정지수를 높이기 위해 다섯 가지 사랑의 대화 방식을 적용해보라. 존경받는 남편과 아버지가 될 수 있다."

자식 농사를 잘 지으려면 자녀가 보는 데서 절대로 교회의 좋지 않은 일에 대해서 말하지 말아야 한다. 자식을 망치는 비결이다. 교회에 문제가 있을 때 흔히 장로가 집에서 이런저런 이야기를 아무런 의식 없이 내뱉는 경우가 있다. 더구나 목회자에 관련된 이야기라면 더 신중해야 한다. 만약 목회자의 좋지 않은 부분을 이야기한다면 자녀는 목회자에 대한 이미지가 좋지 않게 될 것이다. 그렇게 되면 설교를 들을 수도 없고 신앙교육을 제대로 받을 수도 없다. 더구나 사춘기시절이나 청년시절에 목회자에 대한 부정적인 마음이 심어지고 나면 평생 교회를 떠날 수도 있다. 얼마나 무서운 일인가? 자녀의 영혼의 싹을 자르는 것이나 마찬가지다.

훌륭한 가장이 되려면 가정의 가치관을 바로 세워야 한다. 자녀에게 인생의 비전과 성공관을 성경적으로 세워주어야 한다. 성경적인 방식으로 살아가는 법을 가르쳐주라. 술과 담배에 찌든 가장을 원할 가족들이 누가 있겠는가? 세상 사람들처럼 아내 외의 이성 관계를 맺을 수 있겠는가? 돈을 벌 수 있다고 하나님의 말씀에서 벗어난 돈벌이를 받아들일 수는 없다. 그리스도로 옷 입은 장로는 옛 습관과 태도들을 내버려야 한다. 적어도 장로는 가족들 앞에서 세속적인 가장의 모습을 보이지 말아야 한다.

오늘날 자녀 교육의 가치관과 방법이 흔들리고 있다. 장로는 모름지기 교회 안에서 자녀 교육에 대한 모델이 되어야 한다. 부모는 자식의 잘못된 습관을 방치하지 말아야 한다. 그러나 세상 부모들이 감정적으로 자녀를 징계하듯 다루면 안 된다. 자녀가 어리든 장성했든 간에 대화를 통해 양육해야 한다. 혹 징계의 매를 들더라도 자기 감정에 도취되어서는 안 된다. 자녀에게 함부로 말을 해서 낙담하고 상처를 받게 해서는 안 된다.

장로는 가정의 영적 제사장이 되어야 한다. '가정은 추억의 박물관'이라고 말한다. 가족들에게 아름다운 영적 추억을 많이 만들어주라. 한 연구 결과에 의하면 여자성도들이 꼽은 남자성도들의 가장 큰 결점은 "그들은 신앙생활에 게으르다"였다고 한다. 장로가 된다는 것이 당신의 영성을 저절로 형성시켜주지 않는다. 가장의 영적 파산은 온 가족들의 영적 침체를 가져온다. 장로는 스스로의 영성을 잘 관리할 수 있어야 한다. 고갈되지 않는 영성의 샘에서 가족과 교인들이 신선한 영적 샘물을 퍼마실 수 있도록 해야 한다.

장로는 가족들에게 힘을 부어주어야 한다. 자녀에게 가장 나쁜 부모는 자녀의 자존감을 파괴하는 부모이다. 자녀에게 힘을 부어주라. 용기를 갖고 자신이 가진 잠재력을 계발할 수 있게 해주라. 그러기 위해서는 자녀를 격려하고 용기를 불어넣어주는 말을 아끼지 말아야 한다. 기러기를 포함한 대부분의 철새들은 1년에 약 4만 킬로미터의 거리를 이동한다. 그 먼 거리를 이동하면서 수많은 기러기가 목숨을 잃는다. 기러기들은 소리를 내면서 이동하는데, 그것은 서로를 격려하는 것이라고 한다. 기러기가 그 먼 거리를 이동하는 데 가장 중요한 것은 서로를 격려하는 것이다. 자녀가 힘든 세상의 경쟁에서 이겨 나가기 위해서는 부모로부터 격려와 힘을 부여받아야 한다.

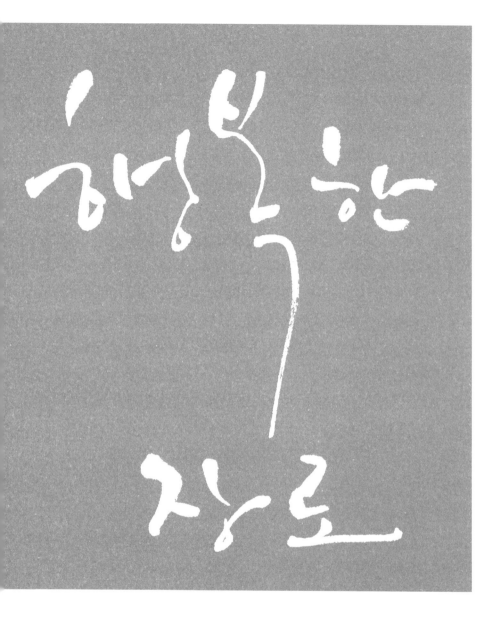

행복한
장로

C·H·A·P·T·E·R·8
영향력 있는 리더십을 계발하라

장로는 교인들에게 동기를 부여하고 영향력을 끼쳐서
하나님의 일을 이루어 나갈 수 있도록 리더십을 계발해야 한다.

장로는 교회의 지도자이다. 지도자는 상당한 영향력을 가지고 있다.
그 영향력이 긍정적으로 나타나면 공동체에 크나큰 기여를 하게 된
다. 반면 영향력이 부정적으로 나타나면 공동체를 병들게 만들고 구
성원들은 몸살을 앓게 된다.

사도 바울은 "우리가 너희 믿음을 주관하려는 것이 아니요 오직 너희
기쁨을 돕는 자가 되려 함이니 이는 너희가 믿음에 섰음이라"(고후
1:24)고 말한다. 장로는 다른 사람을 도와 그들의 믿음을 세워주고
기쁨을 만들어주어야 한다. 그렇지 않고 다른 사람의 믿음을 무너뜨
리고 그들이 누릴 기쁨을 빼앗아간다면 장로는 존재 가치를 상실하
게 된다.

바울은 자신이 하나님으로부터 부름받은 목적을 분명하게 인지하고

있었다. "그러므로 내가 떠나 있을 때에 이렇게 쓰는 것은 대면할 때에 주께서 너희를 넘어뜨리려 하지 않고 세우려 하여 내게 주신 그 권한을 따라 엄하지 않게 하려 함이라"(고후 13:10). 하나님이 바울을 부르신 목적은 성도와 교회를 넘어뜨리기 위해서가 아니라 오히려 세우기 위해서다. 그래서 바울은 자신이 누릴 권한을 포기하기도 했다.

예수님은 우리에게 "삼가 바리새인과 사두개인들의 누룩을 주의하라"(마 16:6)고 말씀하신다. 바울은 고린도 교인들에게 "적은 누룩이 온 덩어리에 퍼지는 것을 알지 못하느냐"(고전 5:6)고 책망한다. 갈라디아 교인들에게도 동일한 경고를 한다. "적은 누룩이 온 덩이에 퍼지느니라"(갈 5:9).

누룩은 급속도로 크게 번지는 특성이 있다. 결코 작은 것이라고 얕잡아 보아서는 안 된다. 교회 안에 잘못된 죄와 습성도 교인들 사이에 쉽게 전염된다. 교회는 마땅히 거룩함을 지키기 위해 힘써야 한다. "너희는 누룩 없는 자인데 새 덩어리가 되기 위하여 묵은 누룩을 내버리라. 우리의 유월절 양 곧 그리스도께서 희생되셨느니라. 이러므로 우리가 명절을 지키되 묵은 누룩으로도 말고 악하고 악의에 찬 누룩으로도 말고 누룩이 없이 오직 순전함과 진실함의 떡으로 하자"(고전 5:7-8).

그런데 고린도교회에는 도저히 있을 수 없는 일들이 일어났다. 통탄할 일이다. 그 소식을 들은 바울은 고린도 교인들에게 모든 죄악을 벗어버리고 새사람으로 거듭난 생활을 살아갈 것을 촉구한다. 누룩은 모든 인간의 과거의 죄악된 삶과 습성을 의미한다.

혹시 장로 가운데도 누룩과 같은 존재가 있는지 주의해야 한다. 누룩 같은 장로 한 사람이 교회 전체를 시퍼렇게 멍들게 만든다. 누룩 같은 장로 한 사람 때문에 교회가 분열되고 교인들이 떠난다면 그 장로의 직분이 무슨 소용이겠는가? 그러므로 장로는 긍정적인 영향력을 나타낼 수 있도록 리더십을 계발해야 한다.


## 리더의 자리를 인식해야 한다

선교학자 로버트 클린턴은 그의 저서 「영적 지도자 만들기」에서 "지도력이란 하나님의 선한 뜻을 이루기 위해 모인 한 집단에서 그분의 능력을 입은 인물들이 영향력을 행사하는 역동적인 과정이다"고 기술하고 있다. 또한 신학자 밥 R. 에이지는 "리더십은 사람들의 태도, 분위기, 행동에 영향을 끼쳐 다른 사람이나 집단, 조직 내에 좋은 방향으로 변화를 주는 기술이자 학문이다"고 정의한다.

그러므로 리더(leader)란 어떤 공통적인 목표를 설정해놓고 많은 사람을 그 목표를 향해서 가도록 움직이는 사람이다. 그리고 리더십(leadership)이란 한 사람이 다른 사람들에게 영향을 주어서 그 사람들을 움직이게 할 수 있는 능력이다. 리더십을 말할 때 따라오는 개념이 사람들이고, 사람들이 이루어내야 할 일이나 업무이다. 그러므로 유능한 리더십은 사람들에게 동기를 부여하고 영향력을 끼쳐서 어떤 일을 이루어나가는 힘과 기술을 말한다.

명성훈 교수는 리더의 역할을 리더(LEADER)라는 단어에서 찾고 있다.

"Leaner(배우는 자)나 Lover(사랑하는 자) 혹은 Listener(경청하는 자), Equipper(구비하는 자)나 Educator(가르치는 자) 혹은 Energizer(열정을 가진 자), Administrator(경영하는 자)나 Advisor(충고하는 자) 혹은 Achiever(성취하는 자), Doer(행동하는 자)나 Dreamer(꿈꾸는 자) 혹은 Director(감독하는 자), Encourager(격려하는 자)나 Endurer(인내하는 자) 혹은 Enabler(실력 있는 자), Reformer(개혁하는 자)나 Reviewer(반성하는 자) 혹은 Renewer(새롭게 하는 자)가 바로 그것이다."

그렇다면 리더로서 세움받은 장로는 스스로에게 반문해봐야 한다. "당신은 Leaner(배우는 자)인가?" 리더라고 "나는 이제 완벽하니까 더 이상 배울 필요가 없어"라고 말할 수 있는가? 리더는 끊임없이 배우는 자이다. 프랜시스 M. 코스그로브는 「제자의 삶」이란 책에서 "제자란, 예수님의 말씀과 사고방식을 배워 자신의 삶에 적용하기를 열망하는, 예수 그리스도를 따르는 사람이다"고 정의한다. 마찬가지로 리더인 장로는 성장을 멈추지 않고 끊임없이 배우고자 하는 겸손한 마음을 가지고 있어야 한다. 배우기를 멈추는 리더는 리더이기를 포기하는 것이나 마찬가지다.

"당신은 Lover(사랑하는 자)인가?" 리더인 장로에게 가장 중요한 것이 있다면 사랑이다. 사랑하는 마음에서 다른 모든 기능이 파생된다. 사랑은 입으로만 하는 것이 아니다. 반드시 행동으로 표현되어야 한다. 위장된 사랑이 있을 수도 있다. 그러나 위장된 사랑은 사람을 변화시킬 수 없다. 진실한 사랑이 밤낮을 모르는 수고를 아끼지 않게 만들고 영혼 때문에 몸부림치는 것을 부끄럽지 않게 한다. 진실한 사랑에는 두려움이 없다.

"당신은 Listener(경청하는 자)인가?" 많은 장로가 다른 사람의 말을 듣는 데 익숙하지 않다. 권위주의에 쌓인 장로는 다른 사람들의 주장을 무시한다. 대립되는 의견을 내면 분노하고 그 사람을 찍어내리려고 한다. 그러나 주님을 닮은 장로는 다른 사람들에게 마음과 귀를 활짝 열어두어야 한다. 비록 귀에 거슬리는 말일지라도, 나의 주장과 대립될지라도 말할 수 있는 기회를 제공할 때 함께 목표를 향해 동역하는 데 어려움이 없다.

"당신은 Equipper(구비하는 자)인가?" 구비하는 자란 운동선수가 자질을 갖추도록 훈련하는 감독이나 코치의 역할을 감당하는 자를 말한다. 장로는 다른 사람들을 세워나가는 자이다. 자신이 준비된 리더임과 동시에 다른 사람들을 준비시켜주어야 할 책임이 있다. 사람들을 구비시켜주지 못하는 장로는 사람들의 능력과 잠재력을 충분히 활용할 수 없다.

"당신은 Educator(가르치는 자)인가?" 장로는 사람들을 어떤 목표를 향해 이끌어가는 자이다. 그들은 충분히 준비되어 있지 않다. 당신이 그들을 적절하게 지도하고 가르쳐줌으로써 그들은 자신들의 역량을 충분히 쏟아놓을 수 있다. 사람들로 하여금 끊임없이 계발할

수 있게 하고, 새로운 정보와 일을 처리하는 능력을 가르쳐주어야
한다. 당신이 알아서 처리하라고 방치해 둔다면 많은 사람이 우왕좌
왕하거나 쓰러지고 말 것이다.

"당신은 Energizer(열정을 가진 자)인가?" 장로는 따라오는 자들
로 하여금 불을 지를 수 있는 자여야 한다. 다른 사람들에게 불을 전
염시키기 위해서는 자신 안에 불을 가지고 있어야 한다. 당신 안에
사람에 대한 불타오르는 마음이 있는가? 당신 안에 하나님이 기뻐
하시는 일에 대한 안타까움이 있는가? 당신의 가슴이 불타오를 때
당신을 따르는 사람들은 불붙게 될 것이다.

"당신은 Administrator(경영하는 자)인가?" 장로는 일을 처리하
고 성취하는 자인 동시에 일을 효율적으로 성취할 수 있도록 사람을
관리하는 자이다. 만약 관계 중심적인 리더십을 가졌기 때문에 목표
중심적인 리더십의 핵심인 행정과 경영적인 마인드를 무시한다면
그는 유능한 리더가 될 수 없다. 특히 그리스도인들 가운데는 믿음
으로 사는 삶과 계획하고 경영하는 것이 충돌한다고 생각하여 경영
하는 자로서의 리더의 역할을 간과할 수 있다. 그러나 균형을 이루
지 못하는 리더는 위험하다.

"당신은 Advisor(충고하는 자)인가?" 장로는 다른 사람의 충고를
들을 줄 아는 자이다. 다른 사람의 충고를 들을 줄 모르는 완고한 자
는 균형을 잃게 된다. 한편 장로는 다른 사람들에게 충고할 수 있는
자여야 한다. 충고란 다른 사람을 자극하고 수정하고 도전하는 역할
을 한다. 충고하지 않으면 옳은 방향을 제시할 수 없다. 그러나 충고

를 할 때 조심해야 한다. 충고는 겸손하고 온유해야 하며 자신을 먼저 돌아보는 태도가 필요하다. 충고하는 데도 때와 장소가 있다. 그리고 어떤 태도로 충고하는지가 중요하다. 아무렇게나 충고할 때 오히려 충고하지 않는 것보다 못할 수 있다.

"당신은 Achiever(성취하는 자)인가?" 장로는 비전을 가지고, 그 비전을 이루기 위해 구체적인 목표들을 제시하며, 사람들을 자극하여 그 일을 이루어내는 자이다. 일을 성취하는 과정에서 불평하는 사람들을 억지로 끌어가면서 일을 성취할 수 있는가 하면, 사람들이 웃으면서 스스로 달려가게 만들 수도 있다.

"당신은 Doer(행동하는 자)인가?" 장로는 말로서 이끌어가는 자인 동시에 행동으로 이끌어가는 자이다. 리더가 결단해야 할 때 우유부단하여 선택을 놓치게 되면 엄청난 손해가 뒤따른다. 때로는 민첩하게 결단하고 때로는 결단을 한 박자 늦출 수 있어야 한다. 결단을 내렸으면 신속하게 행동으로 옮겨야 한다. 행동하되 다른 사람들에게 행동을 보여주고 따라오도록 만들어야 한다.

"당신은 Dreamer(꿈꾸는 자)인가?" 비전이 없는 나라는 망하는 법이고 비전이 없는 사람은 성장할 수 없는 법이다. 비전은 우리로 하여금 움직이도록 하는 원동력이고 쓰러졌다가도 일어나도록 만드는 힘이다. 리더는 비전을 꿈꿀 수 있고, 비전을 전할 수 있고, 비전을 관리할 수 있으며, 비전을 성취하기 위해 사람들을 움직일 줄 아는 자이다. 장로는 목회자가 꿈 꿀 수 있도록 협력해야 한다. 목사가 꾸는 꿈을 함께 꾸어야 한다. 장로는 목사가 꾸는 꿈을 가로 막지 말아야 한다. 그렇게 되면 교회에 비전이 없다. 목사가 자꾸 꿈을 꾸도록 분위기를 조성해주어야 한다.

"당신은 Director(감독하는 자)인가?" 감독이라고 하면 감시자라는 뉘앙스를 갖기 때문에 부정적인 개념을 가지고 있다. 그러나 감독자는 사람을 훈련하고 도전하고 움직이게 만드는 사람이다. 장로는 태만한 사람, 움직이기를 싫어하는 사람을 파악할 수 있고, 그러한 사람들을 움직일 수 있게 해야 한다. 장로는 조직과 사람들이 움직이고 있는 전체를 한 눈에 파악하고 있어야 한다. 한쪽이라도 누수가 되지 않게 세심하게 관찰해야 한다.

"당신은 Encourager(격려하는 자)인가?" 장로는 사람들에게 동기를 부여하고 움직이도록 자극시키는 자이다. 비전과 목표에 동의하고 열정을 가지고 시작했을지라도 일을 진행하다 보면 자연히 열정이 식어지는 법이다. 그때 사람들로 하여금 다시 도전할 수 있게 만드는 자가 바로 장로이다. 장로는 사람들을 위로하고 격려하고 동기부여 하는 법을 끝없이 계발해야 한다.

"당신은 Endurer(인내하는 자)인가?" 일을 성취해가는 과정에서 틀림없이 여러 가지 걸림돌을 만나게 된다. 환경이 도저히 따라주지 않을 수 있고, 사람들이 비난하고 도전할 수도 있다. 그러나 장로는 인내할 수 있는 끈기를 가지고 있어야 한다. 장로가 인내하지 못함으로 일을 그르칠 수 있다. 인내하지 못하는 장로와 함께 일하는 사람들은 그의 실책의 몫까지 짊어져야 하는 불행한 자이다.

"당신은 Enabler(실력 있는 자)인가?" 장로는 일을 처리하는 능력에 있어서나 사람을 다루는 데 있어서 추종하는 사람들과는 다르다. 일을 계획하고 추진하며 문제를 처리하는 능력이 없는 장로를 두었을 때 따라가는 사람들은 오리무중에 헤맬 수밖에 없다. 사람들을 곤란스럽게 만들고, 일을 지연시키지 않기 위해서는 앞에서 앞장 선 장로가 제대로 이끌어주어야 한다. 당신을 따라 오는 사람들이 무엇을, 어떻게 해야 할지 몰라서 곤란해 하고 있다면 그것은 리더인 당신의 책임이다. 장로는 실력을 갖추기 위해서 끊임없이 연구하고 정보를 수집하며 자기를 관리해야 한다.

"당신은 Reformer(개혁하는 자), Renewer(새롭게 하는 자)인가?" 당신은 매너리즘에 빠져 있지는 않은가? 장로에게도 현실에 안주하고자 하는 욕구가 일어난다. 만약 거기에 굴복하는 장로라면 더 이상 아무것도 기대할 수 없다. 장로는 끊임없이 자기를 돌아보고 일을 평가하며 다른 사람을 살펴 더 좋은 방향으로 나아가도록 해야 한다. 미래를 창조해 나갈 수 있는 장로는 새로운 패러다임을 갖는 것을 두려워하지 않는다. 새로운 것을 두려워하고 구태의연하게 현상 유지에 만족하는 장로는 조직과 사람들을 경직되게 만든다.

"당신은 Reviewer(반성하는 자)인가?" 사람들은 문제가 있으면 다른 사람과 환경을 탓하는 버릇이 있다. 장로는 남을 탓하고 원망하기보다 먼저 자기반성을 할 줄 알아야 한다. 그래야 성장하는 장로가 될 수 있다. 장로가 성장할 때 조직과 사람들은 변하게 된다.

# 섬김의 리더십을 계발하라

한 사람이 3년 동안 열두 명을 훈련시켰다. 그 열두 명은 학벌도 없는 무식하고 형편없는 배경을 가졌다. 게다가 성깔도 있고 때로는 비겁하기까지 했다. 하지만 조금씩 변화되었다. 결국 그들은 세상으로 나가서 사람들에게 엄청난 영향력을 끼쳤다. 그들을 훈련시킨 리더가 바로 바로 예수 그리스도이시다.

예루살렘성에서 이루어진 해프닝이 있었다. 가룟 유다가 예수님을 배반하고 이 땅에서 제자들과 마지막 유월절 만찬을 드실 때였다. 상황은 급박하게 돌아가고 있었다. 얼마 있지 않으면 예수님은 군사들에게 잡혀 심문을 받고 십자가에 달리실 것이다.

그때 예수님의 제자들의 모습을 보라. "또 그들 사이에 그 중 누가 크냐 하는 다툼이 난지라"(눅 22:24). 그러자 예수님은 제자들에게 질문하셨다. "앉아서 먹는 자가 크냐. 섬기는 자가 크냐"(눅 22:27). 누가 큰 자인가? 앉아서 먹는 자는 주인이다. 힘을 가진 자이다. 그러나 섬기는 자는 종이다. 힘과 권력이 없는 자이다. 그런데 예수님은 무엇이라고 말씀하시는가? "앉아서 먹는 자가 아니냐. 그러나 나는 섬기는 자로 너희 중에 있노라"(눅 22:27).

예수님 당시에는 이방인 권력자들이 임의로 주관하고 높은 위치에 있는 사람들은 백성들에게 권력을 마음대로 휘두르고 있었다. 원칙 없이 자기의 이기적인 마음대로 백성을 억압했다. 이러한 시대에 예수님은 제자들에게 "섬기는 자가 되라. 너희는 모든 사람들의 종이 되라"고 하셨다.

예수님은 목자로서 양을 위해 목숨을 버리는 희생과 섬김의 본을 친히 보여주셨다. 예수님은 하늘과 땅의 모든 권세를 가진 주인이셨지만 스스로 인간의 종이 되어 섬기셨다. 스승이신 예수님이 제자들 앞에서 무릎 꿇고 종이 하는 일을 하시는 것을 보라. 더구나 십자가 위에서 자신을 희생함으로 섬김의 리더십을 증명하셨다.

그렇기에 리더십을 말할 때 "한 시대를 풍미하며 세계적으로 훌륭한 리더십을 보여준 수많은 지도자가 존재했지만 단언컨대 예수 그리스도보다 위대한 리더는 없었다"고 말한다. 지도자는 권력을 휘두르는 지배자가 아니라 종처럼 섬기는 자가 되어야 한다. 예수님은 스스로 섬김의 모델이 되셨다. 제자들의 발을 씻기셨고, 우리의 구원을 위해 자신을 십자가에 아낌없이 내주셨다. "너희 중에 큰 자는 너희를 섬기는 자가 되어야 하리라. 누구든지 자기를 높이는 자는 낮아지고 누구든지 자기를 낮추는 자는 높아지리라"(마 23:11-12). 주인으로서 종이 되신 예수님의 섬김 리더십은 그때나 지금이나 리더십의 최고봉이다.

가장 낮은 자리에서 세상을 바꾼 예수님의 섬김 리더십은 이제 21세기 경영계의 화두가 되었다. 시각 장애를 가졌지만 전 미국 백악관 국가장애위원회 정책차관보를 지낸 강영우 박사는 이렇게 말한다. "오늘날 긍휼히 여기는 마음은 섬김의 리더십으로 글로벌 시대에 필요한 것입니다. 예수님은 섬기러 왔다는 말씀으로 섬김의 리더의 효시가 되셨습니다. 이것이 없는 사람은 앞으로 국회의원이 될 수 없을 것입니다."

강영우 박사는 미국의 인재선발 조건을 3C로 요약했는데, 그것은 바로 Competence(실력), Character(인격), Commitment(헌신의 자세)이다. 그는 "이러한 3C 조건은 섬김의 지도자의 조건이다"고 말한다. 그리고 "한국에서도 인격과 실력 섬김의 자세가 필요하다"고 강조한다. 그렇다면 리더는 이끌어야(lead) 한다는 기존 관념을 뛰어넘어 먼저 섬겨야(Serve first) 한다.

영적인 원리를 경영에 적극적으로 도입할 것을 주창한 유명한 경영 컨설턴트 로리 베스 존스는 그의 저서 「예수를 만났는가」에서 이렇게 말한다. "진정한 리더와 명예욕뿐인 리더를 구별하는 기준은 섬김의 원칙이다. 예수님은 리더로서 그의 사람들을 섬기셨다. 무엇보다 '네 마음을 다하고 목숨을 다하고 뜻을 다하여 주 너희 하나님을 사랑하라'고 하면서 하나님을 경외하는 리더였다. 성공한 리더로 인정받기 위해 꼭 필요한 자질 중의 하나는 '섬김'이다. 다른 사람을 최우선으로 하는 행동을 통해 진정한 리더로 거듭날 수 있으며, 나아가 공동체의 비전까지 달성할 수 있다."

1999년 세계 최대 청소업체인 서비스마스터의 윌리엄 폴라드 전 회장이 부사장으로 부임했다. 그가 부임하자마자 한 일이 무엇인지 아는가? 고객사인 한 병원의 계단과 화장실을 청소한 것이었다. 리더십의 고정관념을 바꿔놓는 일이었다. 미국 저가 항공사인 사우스웨스트 항공은 직장 상사도 가족처럼 편하게 여길 수 있고 일하는 재미와 유머가 넘치는 직장을 꿈꿨다. 이런 분위기를 가진 회사라면

고객에게도 최고의 서비스를 할 수 있다는 발상으로 채용이란 말을 쓰기보다는 가족으로 입양한다는 표현을 사용하면서 직원들을 배려했다.

밥 R. 에이지는 "섬기는 리더는 가장 위대한 리더인 예수님의 정신, 태도, 성향을 구현하려고 노력하며 자신의 삶 속에 성령의 열매를 나타내는 리더이다"고 말한다. 그러나 섬김의 리더십은 말처럼 쉽지 않다. 그래서 섬김의 리더는 자기성찰을 하면서 진행 중인 자신을 잊지 않는다. 군림하려는 욕구를 끊임없이 굴복시키는 훈련을 한다.

섬기는 리더는 모범을 보임으로 사람들을 이끌어가는 자이다. 그가 가지고 있는 열정, 사랑, 헌신을 보면서 사람들을 감동시키고 변화시켜 그들이 따라오도록 만드는 자이다. 섬기는 리더는 주인 행세를 하는 자가 아니라 종의 자리에 내려앉는 자이다. 그는 독재자처럼 사람들을 끌고 가는 자가 아니라 감동으로 사람들을 이끌어가는 자이다.

교회 안에서 일꾼을 세우다 보면 '남들이 다 꺼리는 사역'이 있다. 전도는 누구나 부담스러워한다. 그러다 보니 전도위원회를 맡아서 헌신하려는 일꾼이 거의 없다. 섬기는 종으로서의 장로는 '그리스도의 남은 고난을 내 육체에 채우겠다'는 마음으로 그러한 사역을 감당하는 자가 되어야 한다. 누구나 편한 사역, 권세를 부리고 가만히 앉아서 인정받을 수 있는 자리에서 섬기고 싶어한다. 그러나 그럴 수는 없다.

섬기는 리더십은 '자기 생각을 그리스도께 굴복'시키는 믿음의 용기를 가져야 한다. 주의 일을 하는데 가장 걸림돌이 되는 것이 무엇인지 아는가? 바로 자기 생각을 굴복시키는 것이다. 하나님이 장로에게 직분을 주신 목적이 무엇인지 아는가? "주께서 주신 권세는 너희를 무너뜨리려고 하신 것이 아니요 세우려고 하신 것이니 내가 이에 대하여 지나치게 자랑하여도 부끄럽지 아니하리라"(고후 10:8). 그런데 얼마나 많은 장로가 자기 생각과 주장에 도취되어 남의 이야기를 듣지 못하고 있는가? 자기가 제일인줄 알고 다른 사람들의 의견을 무시한다. 그렇기에 섬기는 리더는 경청하는 훈련이 되어야 한다.

어느 교회에서 불미스러운 일로 인해 교인들로부터 노회에 고소당한 장로가 있었다. 다행히 그 장로는 근신 6개월이라는 경미한 처벌을 받았다. 이제 그는 자신을 돌아보면서 하나님의 말씀으로 돌아가는 근신을 해야 할 것이다. 그런데 그 장로는 근신기간에 감정을 다스리고 자중하지 못했다. 결국 그칠 줄 모르는 장로의 잘못된 행동과 처신 때문에 당회는 만장일치로 면직을 결정했다. 결국 그는 평신도의 신분으로 돌아가고 말았다.

하나님이 그리스도의 몸 된 교회를 세우고 목회자와 잘 협력하여 성도들을 유익하게 섬기도록 세워주었건만 그는 자신의 직분을 잘 수행하지 못했다. 장로는 하나님이 자신을 세워주신 목적이 무엇인지 늘 잊지 말아야 한다. 그래서 예수님처럼 잘 섬기는 모범적인 장로가 되어야 한다.

# 감성 리더십을 배우라

예수님은 당시 대제사장이나 바리새인, 서기관과 같은 지도자들과는 분명히 달랐다. 그들은 사람들에게 율법이라는 잣대를 갖다 대고 마구 휘둘렀다. 그들의 주변에 있는 사람들은 다치고 정죄 당하기가 다반사였다.

어느 날, 서기관과 바리새인들이 예수님을 찾아왔다. 그들은 한 여인을 끌다시피 해서 예수님께 데리고 왔다. 이유는 음행하는 광경을 본 것이었다. 그리고 예수님께 그 여인을 고소한다.

"선생이여 이 여자가 간음하다가 현장에서 잡혔나이다. 모세는 율법에 이러한 여자를 돌로 치라 명하였거니와 선생은 어떻게 말하겠나이까"(요 8:4).

모세 율법에 능통한 그들은 이미 스스로 해답을 갖고 있었다. "모세의 율법에는 이런 자는 돌로 쳐서 죽여야 한다." 그들의 손에는 커다란 돌이 들려 있었다.

그러나 예수님은 입장을 달리하셨다. 그 여인의 아픔을 느끼셨다. 그 여인의 얼굴을 들 수 없는 수치를 다 아셨다. 그리고 긍휼과 사랑의 눈길로 바라보셨다. 이윽고 살기가 서려 있는 사람들에게 입을 여셨다.

"너희 중에 죄 없는 자가 먼저 돌로 치라"(요 8:7).

사람들은 죄책감이 발동했다. 결국 한 사람도 그 여인을 향해 돌을 던질만한 용기가 없었다. 왜냐하면 자신들도 비슷한 죄의 짐을 짊어지고 있었기 때문이다.

예수님이 찢어진 옷과 상처투성이가 된 불쌍한 여인을 향해 하시는 말씀을 들어보라. "나도 너를 정죄하지 아니하노니 가서 다시는 죄를 범하지 말라"(요 8:11). 얼마나 자비롭고 너그러운 지도자인가? 그 여인은 과연 어떻게 되었을까? 그 사랑, 그 은혜를 어떻게 잊을 수 있단 말인가? 감동 그 자체가 아니던가!

추상 같은 상명하복의 권위로 똘똘 뭉친 카리스마가 CEO의 요건이던 시대는 이미 지났다. 요즘은 때 밀어주는 회장님, 김치 담가주는 사장님과 같은 감성 리더십을 발휘하는 CEO가 살아나고 있다. 사실 예수님의 시대에 이미 감성의 시대가 왔었다.

최근 성과제에 의한 무한경쟁 속에서 기업과 개인의 처방전으로 감성을 제시한다. 차가운 이성에 점령당했던 삶과 세상을 따뜻한 가슴으로 적셔야 한다. 다른 사람들의 감정을 이해하고 그것을 대변함으로써 사람들의 마음을 이끄는 리더가 요청된다. 감성경영과 감성 리더십을 통해 정치, 경제, 사회가 물들어가야 한다. 감성경영이나 감성리더십은 이성을 통한 경영의 한계에 대한 인식에서 출발하였다. 기업의 내적 에너지를 집결하고 신바람 나는 회사, 구성원 개개인의 발전에 있어 감성은 이제 핵심 키워드로 자리 잡고 있다.

사람들에게 공감을 불러일으키는 리더는 수완과 지략 면에서 뛰어나야 한다. 그러나 그것으로 만족할 수 없다. 타인의 마음을 헤아리고 자신을 냉철하게 바라볼 줄 아는 감성적 측면의 능력까지 활용함으로써 구성원과 조직의 분위기를 긍정적으로 이끌어가야 한다.

리더가 자신의 감정을 전달하는 능력이 뛰어나면 뛰어날수록 집단 내부에 그의 감정이 퍼지는 강도도 커진다.

감성지능, 즉 EQ의 창시자 다니엘 골먼은 감정을 배제한 지성만을 중시해오던 비즈니스계의 통념을 깨뜨렸다. 그는 인간의 감성은 본래 지성보다 강하며 조직의 리더와 관리자에게 감성능력을 훈련시키는 게 성공적인 기업 운영의 관건이라고 역설했다. 함께 일하는 사람들의 감정을 이해하고 그것을 대신 표현해주기도 해야 한다.

그는 "인간의 감성은 본래 지성보다 강하다"는 것을 신경학적으로 증명함으로써 리더나 관리자, 매니저에게 있어서 감성 능력을 습득하고 훈련하게 하는 것이 성공적인 조직 운영의 관건이라고 주장했다. 리더에게 지성과 사고력 등의 인지적 요소도 물론 필수적이다. 하지만 감성 능력이 없으면 결코 제대로 된 리더가 될 수 없다. 사람들이 진정으로 믿고 따를 수 있는 리더가 되기 위해서는 다른 사람의 감정을 헤아리고 그것을 이해하는 능력이나 의사결정에 필요한 직관력을 갖춰야 한다.

어느 회사에 신입 여사원이 있었다. 그녀는 임신 8개월째였다. 하루는 밤늦게까지 일하게 되었다. 일에 파묻혀 있던 그녀가 고개를 들어 보니 사무실 밖에 사장이 서 있었다. 깜짝 놀랐다. 사장은 "일이 잘되어 가요?"라고 물으면서 의자에 앉더니 이야기를 하기 시작했다. 사장은 그녀의 인생 전반에 대해 모두 알고 싶어했다. 일은 마음에 드는지, 앞으로 어떤 일을 하고 싶은지, 출산 후에도 계속 일을 할 계획인지 등. 그들의 이런 대화는 다음 달 그녀가 출산할 때까지 매일 계속되었다.

그 사장은 바로 광고업계의 전설적 인물인 데이비드 오길비였다. 그 신입 여사원은 후에 오길비가 설립한 회사인 오길비인매더의 최고경영자가 되었다. 그녀는 수십 년이 지난 지금도 자신이 광고업계에서 일하고 있는 가장 큰 이유 중의 하나는 "입사 직후 나눈 몇 시간 동안의 대화를 통해 자신의 조언자인 오길비와 다진 유대감 때문이다"고 말한다.

감성리더십은 기러기에게서 잘 배울 수 있다. 그래서 "21세기 리더십은 기러기 리더십이다"고 말하는 사람도 있다. 기러기 리더십은 "멀리 갈 때는 함께 가라"는 것이다. 기러기는 먹이를 찾아 따뜻한 곳으로 이동하는데 거의 4만 킬로미터를 날아간다. 이때 브이(V)자형 편대를 형성해서 가장 앞서 가는 리더의 기류에 따른 양력으로 다른 기러기들은 홀로 갈 때보다 70%를 더 멀리 더 쉽게 날아갈 수 있다.

선두에서 나는 기러기는 독불장군처럼 혼자 날아가서는 안 된다. 이때 앞장서는 기러기가 가장 힘이 든다. 선두의 기러기가 힘이 들어 대열에서 이탈하면 뒤에 있던 기러기가 알아서 그 자리를 채워주고 포지션을 변경한다. 그러면 맨 앞에 나선 기러기가 리더의 역할을 수행한다. 결국 모든 기러기가 리더의 역할을 수행하게 된다. 그들은 스스로 어려운 일을 자청해서 하게 된다.

혹시 무리 중 한 마리가 지치거나 총을 맞게 되면 그중 두 마리가 함께 대열을 이탈해서 체력을 회복하거나, 최후의 순간을 맞을 때까지 지키다 되돌아온다. 공동체에는 병든 기러기 한 마리를 위하여 동료 기러기들이 곁에서 위로하고 도움을 주는 것과 같은 동료애가 필요하다. 선두의 기러기를 위해 뒤따르는 기러기들은 소리를 지르며 응원의 소리도 보낸다.

장로는 감성리더가 되기 위해 기러기의 '더불어 성공하기' 리더십을 배워야 한다. 다른 사람들을 배려할 줄 알고 격려하며 후원할 줄 알아야 한다. 공동체에서 가장 중요한 것은 서로를 존중하고 아끼는 것이다. 나의 목적이나 영광이 아닌 공동의 목표를 향해 자신을 내려놓을 수 있어야 한다.

장로는 서로를 신뢰하고 격려하는 자여야 한다. 서로가 신바람 나게 만들 수 있어야 한다. 서로의 힘이 긍정적으로 모이도록 만들어야 한다. 서로를 향한 격려를 통해 힘을 더욱 커지게 할 줄 알아야 한다. 기러기가 서로를 아끼고 존중하면서 한 가지 공유된 목표를 이루기 위해 자신의 직무를 충실히 수행하듯이 장로는 상호 신뢰를 바탕으로 서로 도와주고 협력함으로 시너지 효과를 창출해야 한다.

목회자의 힘을 빼앗고 교인들의 동기부여를 갈취하는 장로는 리더십의 방향을 재수정해야 한다. 리더는 동기부여자이다. 리더는 교인들을 도전하는 자이다. 장로는 목회자에게 힘을 공급하고 협력해서 더 큰 비전을 이루어가야 한다. 자신의 감정대로 해서는 안 된다. 내가 원하지 않더라도 교회의 덕을 먼저 생각하고 교인들의 행복을 앞세워야 한다. 나는 포기하고 주님의 일이 드러나도록 해야 한다.

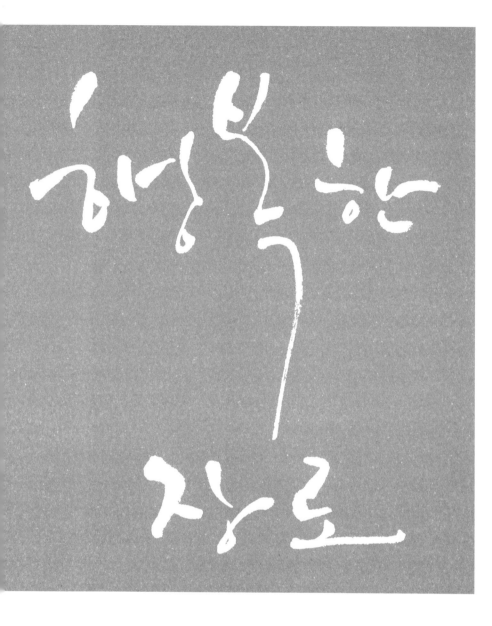

행복한
장로

탁월한 영성 관리자가 되라

교회를 섬기는 좋은 장로는 늘 성령의 임재 속에 살아간다.
성령의 음성에 민감하고 성령의 인도에 초점을 맞추고 있다.
자신의 의지를 내려놓고 성령의 인도를 전적으로 신뢰한다.

우리는 풍요의 시대를 살고 있다. 교회도 예전에 비하면 너무 풍요
롭고 좋은 환경을 갖추고 있다. 그러나 경제적인 풍요가 정신적인
풍요와 비례하지 못하고 영적인 풍요를 보장하지도 않는다. 풍요롭
고 살기가 편한 현대인들은 어느 시대보다도 정신적, 영적 공황 상
태에 빠져 있다.

영성신학자 유진 피터슨은 "목회자가 분주한 것은 그가 대단해서가
아니고 영성을 관리하지 않는 점을 증명하는 것"이라고 지적한다.
분주함은 영적인 삶을 좀먹는다. 그렇기에 목회자는 영성을 관리하
는 시간을 무엇보다 최우선으로 둬야 한다. 그렇다면 이런 현상은
유독 목회자에게 국한 된 것일까?

장로도 마찬가지다. 오히려 세상일에 몰두하는 장로가 훨씬 더 영성

을 관리하는 데 게을리할 수 있다. 더구나 장로가 되면 흔히 교만의 영이 찾아온다. 예배를 통해 은혜를 받기보다 설교를 평가하고 판단하려고 한다. 영적인 훈련도 받지 않으려 한다. 영성을 관리하기 위한 경건의 시간(QT)을 갖거나 기도시간을 확보하는 것도 쉽지 않다. 경건의 모양은 있으나 경건의 능력은 상실할 우려가 크다. 그렇기에 장로는 더욱더 영성 관리를 위해서 노력해야 한다.

어느 교회에서 있었던 일이다. 한 장로가 담임목사를 청빙할 때부터 반대했다. 담임목사가 청빙되어 온 이후에 무례한 행동을 하면서 목회를 훼방하기 시작했다.

어느 날, 당회에서 담임목사를 향해 "당신은 삯군이야!"라고 하면서 해서는 안 될 언행을 일삼았다. 그러자 담임목사는 "내가 삯군인 것을 증명하라!"고 추궁하기 시작했다. 주변에 있던 장로들도 "장로님이 사과하라"고 하면서 권면했다. 어쩔 수 없이 "사과합니다"라고 했다. 그러나 담임목사는 "그렇게 해서는 안 된다"고 하면서 결국 정직(正直)으로 징계 조처했다.

그러자 담임목사에게 대항하지 못하고 부교역자들을 힘들게 하기 시작했다. 그 교회에 찬양 예배를 인도하던 전도사가 있었다. 어느 날, 교역자실에 들어온 장로가 전도사를 향해 말했다.

"김 전도사, 당신 앞으로는 복음 성가를 하지 마!"

당황한 전도사는 "담임목사님이 허락하셨는데요"라고 대꾸했다. 그러자 "내 말 듣고 하지 말란 말이야!"라고 하면서 더 크게 고함을 질렀다. 그때 신학교 교수를 하면서 협동목사로 사역을 하던 목사님이 개입했다. 평소에 그 장로가 하던 행동에 대해 못 마땅해 하던 터라 따끔하게 한마디 해주었다.

"교역자가 아무리 나이가 적어도 자식 나무라듯이 할 수 있습니까?"

그러자 화가 난 장로는 협동목사를 향해 퍼부었다.

"어, 자네는 뭔가?"

이 정도가 되고 보면 과연 장로라고 할 수 있겠는가? 그가 교회의 덕이 되겠는가? 오히려 장로의 직임을 받지 않음보다 못하지 않겠는가? 도저히 영성이라고는 찾아볼 수 없는 장로의 모습이다.


## 교회 안에 갇힌 영성이 아니라
## 생활영성을 가지라

영성은 기독교만의 전매특허가 아니다. 스토아주의 영성, 불교 영성, 유교 영성, 도교 영성, 공산주의 영성 등 종교나 철학에서 다양하게 사용되고 있다. 그러나 기독교 영성에는 독특함이 있다.

민주적 규약을 통해 교회 내에서 평신도의 참여폭을 확대하고 있는 거룩한빛광성교회의 정성진 목사는 일반 영성과 기독교 영성을 이렇게 구분한다. "일반 영성은 역사적 인물의 인격과 정신과 사상을 본받으려는 인본적인 영성인데 반하여 기독교 영성은 역사적 예수의 정신과 삶을 계승하려는 인본적인 요소뿐 아니라 오늘 우리 가운데 찾아오셔서 우리와 직접 교제하시는 하나님이신 예수 그리스도와 인격적 관계를 추구하는 수직적이요, 하나님 중심적인 영성인 점이 다르다. 일반 영성은 엄격한 자기 훈련과 수양을 통해 자신의 성품을 바꾸려는 인간적인 노력을 강조하는 데 반하여 기독교 영성은 성령 안에서 우리에게 임재하고 우리 주 예수 그리스도와의 인격적으로 교제하고 살아가면서 그분께서 우리 안에 의의 열매, 빛의 열매, 성령의 열매를 맺게 해주신다.”

　일반적으로 양적, 혹은 질적으로 부흥하는 교회는 모두 영성을 중요시한다. 그래서 초대교회뿐 아니라 현대교회에 이르기까지 영성은 시대를 초월한 담론이 되어왔다. 그렇기에 우리는 영성으로 돌아가야 한다. 초대교회처럼 기도하고 말씀 묵상하는 일로 다시 돌아갈 때 교회가 다시 살 수 있다. 물론 다양한 교회 프로그램, 목회 방법론도 중요하다. 그러나 그것보다 더 원천적인 것은 하나님의 영이 살아 있어야 한다.

　교회가 마이너스 성장에서 벗어나지 못하면서 변칙적으로 교회를 운영하려는 움직임이 일어나고 있다. 그 가운데 하나가 바로 영성운동이다. 최근 영성과 관련된 세미나도 부쩍 늘어나고, 영성운동가로 자처하는 목회자도 등장했다. 그런데 그들은 정작 영성에 대해서 바르게 이해하지 못하고 있다. 대부분 예언, 신유, 축복 등을 영성운동으로 착각하고 있다. 이들은 인간의 길흉화복을 예견해주고 있다. 이것은 역술원, 또는 철학관의 점쟁이와 별반 다를 바 없다.

그렇기에 성경적인 영성에 대한 재조명이 절실하다. 신학생 시절부터 30년 동안 영성이라는 단어를 붙들고 살아온 최일도 목사는 일상이 곧 영성생활이고, 영성생활이 곧 일상이라는 사실을 깨닫고 이렇게 말한다. "그동안 한국교회가 너무 성령의 은사를 강조하면서 위로부터 내려오는 표적과 기사에 관심이 많았다. 이는 '주여, 주시옵소서'라는 기도에 잘 나타난다. 그러나 이제는 아래로부터의 영성도 함께 실천해야 한다. 아래로부터의 영성은 나 자신과 '지금 여기'라고 하는 현실에서 출발하는 것이다." 이제 한국교회는 지나치게 위로부터의 영성만을 추구하는 것이 아니라 아래로부터의 영성에 대한 자각이 일어나야 한다.

스웨덴 룬트대 신약학 명예교수인 크리스 카라구니스는 "영성 없이 학문성에 매달릴 때의 폐해가 얼마나 큰지 유럽과 미국의 기독교 신학이 잘 보여주고 있다"고 지적한다. 마찬가지로 영성 없는 직분도 다양한 폐해를 주고 있다. 장로라는 직분을 맡았지만 영성 없이 직분을 감당하려다 보니 세상적인 방법과 행정으로 교회를 이끌려고 한다. 교회는 세상 학문이나 경영 기법으로 운영하는 곳이 아니다. 성령의 통치를 감지하면서 믿음으로 사역하는 곳이다. 그렇기에 영성 없는 장로야말로 교회를 병들게 만든다.

영성(spirituality)을 '신체험' 혹은 '진리체험'이라고 할 수 있다. 기독교 영성은 하나님의 영을 간직하는 데서 출발한다. 거듭남이 없이는 기독교의 영성 자체를 논할 수 없다. 기독교 영성은 삼위일체 하나님과 예수 그리스도를 체험하는 것이다.

참된 영성은 사모하는 대상을 닮아가는 것이다. 닮아감은 생각하고 바라봄으로 가능하다. 영성에 관한 고전인 「무지의 구름」의 저자는 이렇게 말한다. "사랑의 부드러운 감동이 이는 마음으로 하나님을 바라보라. 그분의 어떤 소유물이 아니라 그분 자신만을 목표하고 바라보라. 하나님 이외의 어떤 것도 생각나지 않게 하라. 오직 하나님 이외에… 어떤 것도 당신의 지식과 뜻을 좌우하지 못하게 하라. 이것이 하나님이 기뻐하시는 영혼의 일이다."

영성이란 여주동행(如主同行)의 삶이다. 즉 모든 순간 한결같이 주님과 동행하고자 하는 것이다. 일상에서의 주님과 동행함이 없는 영성은 경건의 모양만 갖추었을 뿐이다. 거기에 경건의 능력이 나타날 수 없다. 많은 그리스도인이 교회 안에 갇힌 영성을 갖고 만족하며 살아간다. 그러나 청교도들은 순수한 신앙이 가정과 교회뿐 아니라 사회 전체에서 실현되어 하나님의 통치가 이루어지기를 원하고 싸웠다.

「욕쟁이 예수」라는 책에서 저자는 하나님이 다스리는 영역, 즉 하나님 나라는 우리 삶의 모든 영역임을 강조한다. 하나님은 이 세상의 모든 영역에서 주인이시다. 마찬가지로 우리의 영성과 믿음도 교회 안에 갇혀 있는 것이 아니라 이 세상의 모든 영역에서 적용되어야 한다. 일상에서 드러나지 않는 영성은 거짓 영성이라 해야 한다.

그래서 실천신학의 대가인 폴 스티븐스는 「현대인을 위한 생활영성」에서 영성을 이렇게 정의하고 있다. "영성은 한마디로 하나님과 나누는 교제이다. 그러나 성경적인 그리스도인이라면 이 교제를 매일의 삶, 현실의 삶으로 구체화하고 구현하고 엮어 내야 할 것이다."

신학자 벤 존슨 역시 영성이란 "하나님과의 관계로부터 나와서 신앙 공동체 안에서 조정되고 형성되며, 자신의 궁극적인 목적을 위해 일하는 그 시대, 그 삶의 현장에서 표현되는 것"으로 정의한다. 영성이란 초월적인 삶뿐만 아니라 그리스도인의 삶의 현장과 관계되어 있다.

그리스도인들은 교회 안에서는 믿음생활은 잘한다. 그러나 가정이나 직장, 이웃관계에서 믿음으로 살아가는 것이 약하다. 즉 생활 영성 훈련이 되어 있지 않다는 말이다. 우리가 공동체 예배는 잘 드리지 않는가? 그러나 삶으로 드리는 생활예배는 안중에도 없었다. 생활예배가 없다 보니 교회 안에서의 삶과 교회 밖에서의 삶이 완전히 분리되어 있다. 교회 안에서는 거룩한 것 같은데 교회 밖에서는 전혀 인정받지 못하는 그리스도인이 양산되고 있다. 결국 교회와 그리스도인의 영향력은 사라지고 말았다.

세상 속에서의 빛과 소금의 기능을 상실하자 교회와 그리스도인에 대한 매력을 다 잃고 말았다. 그래서 세상은 교회와 그리스도인들을 외면한다. 교회의 부흥은 경건의 모양을 갖추는 데 있지 않다. 경건의 능력을 회복해야 한다. 경건의 능력은 세상 속에서 나타나는 실천적 영성에 달렸다. 직장에서 업무를 보고 제품을 생산하는 것이 예배가 되어야 하고 가정에서 가사를 돌보고 아이를 양육하는 것 자체가 예배가 되어야 한다.

14세기 영국 신학자 월터 힐튼은 그리스도인이 걸어야 할 영성의 길이 무엇인지 잘 말해주고 있다. 그는 그리스도인이 걸을 수 있는 세 가지 길을 제시하면서 제3의 길을 선택할 것을 권한다. 제1의 길은 그리스도인이 세속의 생활에 몰두해 바쁘게 살아가는 삶이다. 제2의 길은 명상의 삶으로 종교계에 들어서서 전적으로 영적인 생활에만 몸 바쳐 사는 삶이다. 그러나 그는 마르다의 활동과 마리아의 묵상을 결합한 '병행의 삶'인 제3의 길을 택하라고 권유한다.

'천상을 향한 여행'은 성경 묵상과 홀로 있음을 통해 하나님과 우리의 관계를 돈독히 하는 것이다. '내면을 향한 여행'은 자기 자신과 화해하는 것으로 자신의 영혼을 돌아보며 하나님이 우리의 정서적 상처를 치유해주시기를 구하는 것이다. 그러나 이 두 여행은 자연스럽게 '외부 세계를 향한 여행'으로 이어진다. 그래서 이웃 사랑이 시작된다. 그리스도인은 다른 사람에게 자신이 이웃임을 증명할 의무를 가진다. 우리는 이웃과의 실제적인 관계의 맥락 속에서 믿음생활을 해야 한다. 이웃을 사랑하려면 사람을 위하는 사람이 되어야 한다.

영성신학자인 헨리 나우웬은 영적인 삶을 하나님께 속해져 사는 삶으로 본다. 분주함과 두려움이야말로 하나님의 관계를 맺어가는 데 크나큰 장애물이다. 그러나 하나님의 사랑을 의심하지 않고 믿음으로 나아갈 때 장애물을 극복할 수 있다. 하나님과 관계가 바로 설 때 자신을 찾을 수 있고, 더 나아가 하나님이 허락하신 소명, 즉 사람들을 사랑하며 그들을 향해 나아가야 한다는 마음을 잊지 않고 나아갈 수가 있다. 그러므로 우리는 자신의 내면이 주님 안에서 바뀌어가고 그리스도를 자신의 삶의 중심에 모심으로 진정한 자아를 인식하고, 나 자신을 사랑하고 다른 사람들을 사랑할 수 있어야 한다.

기독교 영성은 그리스도의 삶의 구현이다. 삶의 현장에서 성령의 능력으로 사는 삶이다. 그 삶은 예수님과의 친밀한 인격적 교제로 특징지어진다. 기독교 영성은 하나님과의 연합을 경험한 자가 일상 생활에서 그분과 나누는 교제이다. 하나님과의 초월적이고 인격적인 관계를 통해 얻은 경험을 삶의 현장에서 구체적으로 구현하는 것이다. 그리스도인들이 교회에 와서 예배를 드리고 기도훈련을 하는 것도 중요하다. 그러나 더 중요한 것은 현실 세계에서 어떻게 살고 풍성한 열매를 맺을 수 있을 것인가 하는 것이다.


## 성숙을 향한 여행을 즐기라

사도 바울은 디모데에게 "너는 배우고 확신한 일에 거하라"(딤후 3:14)고 권면한다. 목사나 장로는 모두 진리 위에 자신을 굳게 세워야 한다. 그렇지 않으면 하나님의 길보다 인간의 길을 추구하게 된다.

성경은 '하나님의 감동'으로 기록된 책이다. 우리 주 하나님은 성경 저자들을 성령으로 감동하셔서 기록하셨다. 그래서 성경은 완전 무오하다. "모든 성경은 하나님의 감동으로 된 것으로 교훈과 책망과 바르게 함과 의로 교육하기에 유익하니 이는 하나님의 사람으로 온전하게 하며 모든 선한 일을 행할 능력을 갖추게 하려 함이라"(딤후 3:16-17).

그렇기에 성경은 우리를 교훈하고 책망하며 그릇된 길을 갈 때 바르게 고쳐주고 의로 교육해준다. 우리가 성경을 통해 교훈받고 책망받으며 바른 길을 안내받고 의의 길로 들어설 때 변화가 일어난다. 성경은 치유하고 변화시키는 능력을 갖고 있다. "하나님의 말씀은 살아 있고 활력이 있어 좌우에 날선 어떤 검보다도 예리하여 혼과 영과 및 관절과 골수를 찔러 쪼개기까지 하며 또 마음의 생각과 뜻을 판단하나니"(히 4:12).

댈러스신학교 목회신학 교수인 레그 그랜트는 「소설 마틴 루터」에서 루터를 이렇게 평가한다. "루터는 은혜가 없던 시대에 은혜를 위해 싸웠고, 회칠한 무덤에서 파낸 유골에 키스하던 그리스도인들을 향해 이제 하나님의 아들에게 키스하라고 권고했다. 루터는 온갖 거래에 대한 제의와 타협의 달콤한 목소리들이 이제 그만 돌아서라고 유혹할 때도 성경의 돛대에 자신을 묶고 진로를 고수했다." 루터는 성경과 떼놓을 수 없는 사람이다. 그는 "나의 신앙은 그리스도의 말씀에 사로잡힌 포로이다"고 말했다. 장로는 자기 생각이나 철학의 포로가 아닌 그리스도의 말씀에 사로잡힌 포로가 되어야 한다.

개혁이란 무엇인가? 성경을 통해 영향을 받는 것이다. 하나님의 말씀을 통해 자극을 받고 변화되는 것이다. 어떤 장로는 설교를 들으면서 "목사가 나를 치는 설교를 한다"고 말한다. 그렇다. 어떤 의미에서 설교는 치는 것이다. 그것이 은혜이다. 정상적인 그리스도인이라면 성경을 읽고 설교를 들으면서 많은 찔림이 있다. 하나님의 말씀을 대하면서 찔림이 없다면 그것은 강퍅한 마음을 가졌기 때문이다. 좋은 마음 밭을 가진 성도는 마음이 아프고 힘들어 하면서도 말씀에 의해 삶과 생각과 태도를 고쳐나간다. 그때 변화와 개혁이 일어난다.

영성은 영적 성숙을 향한 여행이다. 장로는 영적 성숙 과정으로서의 영성을 향한 여행을 즐겨야 한다. 영적인 삶은 그리스도의 장성한 분량에 이르기까지 자라가는 삶이다. 사람은 부모로부터 태어난다. 그러나 하나님의 사람들은 '또 한 번' 태어나야 한다. 성령에 의해 거듭나야 한다. 성령으로 중생하지 않은 자는 하나님의 사람이 아니다. "사람이 거듭나지 아니하면 하나님의 나라를 볼 수 없느니라"(요 3:3). "사람이 물과 성령으로 나지 아니하면 하나님의 나라에 들어갈 수 없느니라"(요 3:5).

그러나 성령으로 거듭난다고 해서 모두 장성한 어른이 될 수는 없다. 성령으로 거듭날지라도 성장하지 않으면 우리는 어린아이의 상태에 머문다. "형제들아 내가 신령한 자들을 대함과 같이 너희에게 말할 수 없어서 육신에 속한 자 곧 그리스도 안에서 어린아이들을 대함과 같이 하노라. 너희는 아직도 육신에 속한 자로다. 너희 가운데 시기와 분쟁이 있으니 어찌 육신에 속하여 사람을 따라 행함이 아니리요"(고전 3:1,3).

바울은 영적으로 어린아이들을 '육신에 속한 자'로 표현한다. 이러한 육신에 속한 어린아이의 특징은 무엇인가? 시기와 분쟁을 일삼는 것이다. 성숙한 어른들은 웬만한 일로 시기하고 다투지 않는다. 그런데 어린아이들은 아무것도 아닌 일로 다투고 싸운다. 왜? 미성숙하기 때문이다. 삶을 소화할 능력이 아직 약하기 때문이다.

그러므로 영적으로 거듭난 사람은 차츰차츰 자라가야 한다. 그렇다면 우리는 어떻게 성장할 수 있는가? 영의 양식인 하나님의 말씀을 섭취하고 경험하는 것이다. 하나님의 말씀에 의해 영향을 받는 사람은 하나님의 사람으로 온전하게 자라간다. 하나님은 자기 백성들이 영적인 성장과 진보를 거듭하기를 기대하신다.

우리는 어떤 일을 하고 사역이나 행사를 하는 것에 주력한다. 그런데 그것보다 더 중요한 것이 있다. 바로 온전한 하나님의 사람이 되는 것이다. 우리의 고민은 바로 "Being이냐, Doing이냐?" 하는 문제이다. 온전한 사람이 되지 않고는 하나님의 일을 온전하게 행할 수 없다. 하나님의 일을 하면서도 생색내고 자랑하고 자기를 들어내고 싶어하는 사람들을 보라. 결국 열심히 일을 하면서 상처만 남기지 않는가? 그렇기에 행함보다 존재가 앞서야 한다. Being이 앞서지 않은 Doing은 오히려 독이 될 수 있다.

중세시대만해도 평신도는 성경을 대할 수도 없었고 설교를 들을 수도 없었다. 교황과 사제들만이 독점했다. 그것이 가톨릭교회의 타락을 가져왔다. 종교개혁은 잃어버린 성경을 되찾은 사건이다. 우리는 성경을 갖고 있다. 종교개혁자들은 교황청으로부터 성경을 우리 손에 들려주었다.

그러나 성경을 읽고 듣고 암송하면서도 성경과는 상관없는 삶을 살아가는 그리스도인이 많다. 성경은 갖고 있는 것으로서 만족할 수 없다. 성경을 통해 영향을 받아 변화가 일어나야 한다. 그러기 위해서는 성경을 통해 교훈을 받고 책망을 받으며 바른 길을 찾아야 하고 의로운 길로 나아가야 한다.

변화와 성숙을 향한 여행이 녹녹치만은 않다. 또 이 땅에서 다 이룰 수 없는 또 다른 세계를 향한 숙제이기도 하다. 그럼에도 불구하고 변화와 성숙을 향한 여행은 반드시 추구해야 할 과제이다. 변화와 성숙을 향한 여정에서 우리는 삶의 질서를 바로 잡아야 한다. 시간에 쫓기다 보면 인생을 뒤죽박죽 살게 된다. 배링턴칼리지의 총장을 역임한 찰스 험멜은 「늘 급한 일로 쫓기는 삶」에서 "우리는 긴급한 일과 중요한 일 사이의 지속적인 긴장 속에서 살고 있다"고 지적한다. 사람들은 "하루가 서른 시간쯤 되었으면 좋겠다"고 말한다. 그러나 정작 중요한 것은 우선순위의 문제이다.

영성은 삶의 우선순위를 설정하는 것이 중요하다. 하나님 앞에서 우리의 주의를 분산시키는 것을 과감하게 잘라내야 한다. 최대한 빨리, 그리고 바쁘게 살고 싶은 유혹으로부터 우리를 지켜내야 한다. 우리가 꼭 하지 않아도 될 일은 남겨 두어도 된다. 그러나 꼭 해야 할 일을 못한 채 남겨 두지는 말아야 한다.

우선순위를 바로 정하기 위해서 우리는 하나님께 집중하는 훈련을 해야 한다. 어떤 사람이 캘커타의 테레사 수녀를 만나 자신의 영적생활의 고민을 길게 털어놓았다. 복잡한 이야기를 다 들은 테레사가 웃으며 이렇게 말했다. "글쎄요. 하루 한 시간 주님을 진정으로 사모하고, 잘못인 줄 아는 일은 일절하지 않는다면 아무 문제가 없을 것 같은데요."

영성을 향한 여행은 참으로 지루하고 힘들고 어렵다. 그러나 육체의 훈련과 비교할 때 가치 있는 일이다. 교회를 세우는 좋은 장로는 프란체스코가 말하는 소리에 귀기울일 필요가 있다. "형제들이여, 용기를 냅시다. 이 정도의 여행을 힘겨운 고난으로 여기지 맙시다. 주님의 천사가 황금으로 만든 자를 가지고 우리의 모든 발걸음을 재고 계십니다. 우리 주 예수 그리스도께서 앞장을 서서 십자가를 지시고 갈보리산으로 올라가시는 것을 생각합시다."


## 탁월한 영성 관리자가 되라

영성의 길은 성령의 사역과 관계있다. 성령은 영적인 길을 걸을 수 있도록 디딤돌을 놓는다. 그것이 바로 거듭남의 사건이다. 영적으로 거듭나지 않는 사람은 기독교 영성의 길을 걸을 수 없다.

그뿐만 아니라 성령은 기독교 영성을 가능하게 하는 원동력이다. 선을 행하기를 원하지만 자꾸만 악을 행하고 있는 자신을 탄식하고 있는 사도 바울이 찾은 해법이 무엇인가? "그러므로 이제 그리스도 예수 안에 있는 자에게는 결코 정죄함이 없나니 이는 그리스도 예수 안에 있는 생명의 성령의 법이 죄와 사망의 법에서 너를 해방하였음이라"(롬 8:1-2). 바울은 "그리스도의 영이 없으면 그리스도의 사람이 아니라"(롬 8:9)고 선언한다.

하나님의 아들은 하나님의 영으로 인도함을 받게 되어 있다(롬 8:14). 그래서 영성의 길은 성령의 충만으로 가능하다. 날마다, 매 순간 성령의 인도와 통치 속에 살아가는 삶이 바로 영성의 길이다. 그래서 영성신학자 매조리 톰슨은 "영성생활이란 하나님의 성령이 우리를 지배하여 우리 안에 생명력이 충만해가는 것을 의미한다"고 말한다.

모름지기 교회의 영적지도자인 장로는 성령의 통치 가운데서 살아가는 삶의 아름다움을 알아야 한다. 이에 대해서 내셔널커뮤니티 교회의 수석목사인 마크 배터슨은 그의 저서 「화려한 영성」에서 이렇게 말하고 있다. "인생의 방정식에서 성령을 빼보라. 남는 것은 '하─품', 두 자 뿐일 것이다. 반대로 인생이라는 방정식에 성령을 보태보라. 흥미진진한 사건이 무수하게 일어날 것이다. 어떤 사람들을 만나게 될지, 어떤 곳을 여행하게 될지, 무슨 일을 하게 될지 알지 못하지만 대박이다."

모든 그리스도인은 성령 하나님을 인정한다. 그럼에도 불구하고 성령의 사역에 민감하지 못하다. 일상에서 성령의 임재 의식이 없다. 성령의 인도하심을 따라 살고 성령의 통치가 구현되는 삶이 무엇인지에 대해서 별로 관심이 없다. 성령을 말할 때 예언이나 기적, 영적 은사와만 연결해서 생각한다. 그 결과 우리의 일상에서 생생하게 움직이는 성령의 역사를 경험하지 못한다.

그래서 마크 배터슨 목사는 착각 속에 살아가는 그리스도인이 있다고 지적한다. "하나님과의 관계에 대해 이야기할 때 흥분되지 않는다면 성령을 따르지도 않으면서 따른다고 착각하고 있는 것인지도 모른다. 나는 이들을 가리켜 '역기능 기독교인'이라고 부른다. 성령을 따르지 않고 성령께 따라오라고 하는 사람, 하나님을 섬기지 않고 하나님께 섬겨달고 하는 사람들이다. 얼핏 보기에는 비슷비슷하게 보일 수도 있으나 엄청난 차이가 있다. 이러한 역기능적 관계는 우리 영혼을 빈곤하게 만들며 허무한 상태가 되게 한다. 영적인 우울증 상태에 빠지느냐 생생하게 살아가느냐는 질적으로 큰 차이가 있는 것이다."

교회를 섬기는 좋은 장로는 늘 성령의 임재 속에 살아간다. 성령의 음성에 민감하고 성령의 인도에 초점을 맞추고 있다. 자신의 의지를 내려놓고 성령의 인도를 전적으로 신뢰한다. 성령께서 자신의 육체를 통제하도록 성령 의존적인 삶을 살아간다. 자기 목소리가 커지면 성령의 세미한 음성이 들리지 않아 영적인 삶에서 벗어나는 것을 알기 때문에 자신의 목소리를 낮춘다.

그동안 한국교회는 방언, 예언, 신유 등과 같은 은사를 사모하는 것에 치우쳤다. 결국 신비주의적 영성에 길들여져 왔다. 그러다 보니 성령의 열매를 맺는 삶, 즉 예수 그리스도의 사람으로 성화되는 영성을 소홀히 했다. 그런데 바른 영성은 성령의 열매를 맺는 인격적인 삶이다.

기독교 영성은 하나님과의 인격적인 관계를 맺는 데서 출발한다. 묵상과 기도와 같은 하나님과의 관계를 중요시하는 수도원적 영성이 요청된다. 그러나 결코 거기에 머물러 있지 않는다. 구체적인 삶의 실천으로 옮아간다. 궁극적으로는 이웃에 대한 사랑의 섬김과 자기의 내줌으로써 영성의 열매를 맺는다.

성령의 아홉 가지 열매는 개인적 영성의 덕성에만 머물지 않는다. 더 적극적인 영성이다. 대인관계와 사회구조의 차원에 영향을 미친다. 그래서 기독교학술연구원 김영한 박사는 "기독교 영성은 사회변혁의 영성으로 열매 맺는다"고 강조한다. 결국 기독교 영성은 개인적 차원만이 아니라 사회 변혁적인 영성이자 세상을 변화시키는 영성은 하늘에서처럼 이 땅 위에서도 이루어지는 영성이다

기독교 영성의 중심은 그리스도이다. 그리스도의 중심은 십자가이다. 그래서 루터는 기독교 신학을 십자가의 신학이라고 표현한다. 결국 기독교 영성에서 십자가를 빼놓을 수 없다. 영국 회중교회의 신학자 포사이스가 그의 저서 「십자가의 중요성」에서 말한 대로 그리스도는 곧 십자가이다. 그리스도가 누구냐고 묻는 것은 곧 그가 십자가에서 무슨 일을 행하셨는가라고 묻는 것과 같다. 십자가를 이해하지 못한다면 그리스도도 이해할 수 없다. 십자가가 그리스도이기 때문이다.

십자가 신학을 정립한 바울은 기독교 신앙의 중심 부분을 차지하고 있는 부활이나 재림을 뛰어넘어 적대자들의 가장 심한 공격과 세상의 조롱을 받아온 십자가를 자랑거리로 삼았다. 이는 예수 그리스도께서 십자가에서 죄와 죽음, 그리고 사탄에 대한 승리가 획득되었기 때문이다. 십자가에는 하나님의 공의가 만족되고 하나님의 사랑

이 계시되었기 때문이다.

바울은 십자가야말로 하나님이 인간에게 오시는 길임을 깨달았고, 예수 그리스도의 십자가를 통해 하나님의 사랑을 보았다. 십자가의 가치를 알기에 바울은 예수 그리스도와 십자가에 못 박히신 것 외에는 아무것도 알지 아니하기로 작정하였다. "내가 너희 중에서 예수 그리스도와 그가 십자가에 못 박히신 것 외에는 아무것도 알지 아니하기로 작정하였음이라"(고전 2:2). 그는 십자가에 못 박힌 그리스도를 전하는 데 전 생애를 불태웠다. "우리는 십자가에 못 박힌 그리스도를 전하니 유대인에게는 거리끼는 것이요 이방인에게는 미련한 것이로되"(고전 1:23).

그래서 주후 2세기 말, 3세기 초에 살았던 교부 터툴리안은 이렇게 말했다. "그리스도인은 발걸음을 옮기고 움직일 때마다, 집에 들어가거나 나갈 때마다, 옷을 입고 신발을 신을 때마다, 목욕하고, 식탁에 앉고, 등잔불을 켜고, 침대에 앉고 의자에 앉는 모든 삶을 살 때마다 이마에 십자가를 그린다."

예수님은 십자가를 저주와 형벌의 상징에서 축복의 상징으로 바꾸어놓았다. 그러나 알고 있는가? 십자가가 상징만이 아니라는 사실을. 십자가는 생명이다. 십자가 영성은 생명력을 자랑한다. 생명이 없는 십자가의 상징으로서는 만족할 수 없다. 그렇기에 십자가는 "하나님의 능력"(고전 1:18)으로 우리의 삶에서 날마다 경험되어져야 한다.

장로는 십자가의 영성을 가져야 한다. 십자가와 함께 죽고 부활하신 그리스도와 연합하여 다시 살아나야 한다. 십자가 위에서 날마다 죽는 사건이 일어나야 한다. 자신을 자랑하거나 인간의 의를 내세울 것이 아니라 십자가가 유일한 자랑거리가 되어야 한다. 십자가의 능력 안에 사는 법을 배워야 한다. 좋은 장로는 십자가의 효능을 알기 때문에 십자가를 선포하는 일에 주력한다.

행복한 장로는 영혼을 살리는 십자가를 전함으로써 또 다른 영혼을 주께로 돌아오게 하는 사역에 주력한다. 장로는 당회실에 앉아서 말만 하는 직분이 아니다. 오히려 복음을 들고 동네로 나가서 그리스도와 십자가를 자랑해야 한다. 교회 안에 있는 지체들에게 십자가로 살았던 삶을 간증해야 한다. 십자가의 능력을 삶으로 보여주어야 한다.

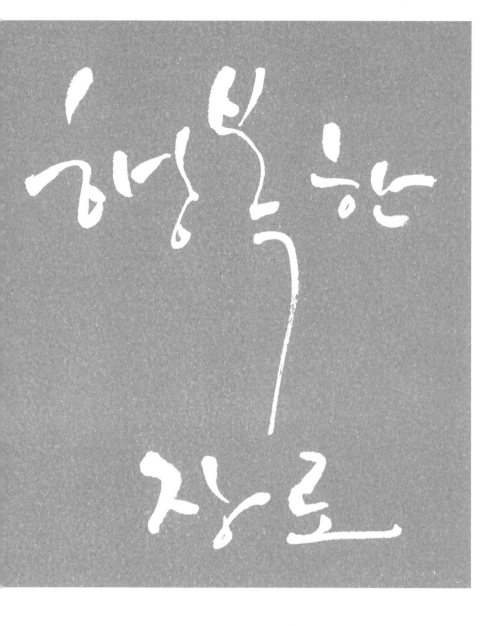

장로의 금기사항을 가슴에 새기라

목사와 장로는 서로에게 상승작용을 만들어줄 수 있어야 한다.
복음과 그리스도의 몸 된 교회를 세우기 위해 격려하고
서로 세워줌으로써 보다 나은 공동체의 하나 됨을 이루어야 한다.

장로는 교회 어른으로서 자신의 행동이 교회와 교인들에게 미칠 영향력을 항상 유념해야 한다. 솔로몬은 한 사람이 미치는 영향력의 지대함을 잘 알고 이렇게 권면한다. "지혜가 무기보다 나으니라. 그러나 죄인 한 사람이 많은 선을 무너지게 하느니라"(전 9:18). 죄인 한 사람의 영향력은 지대하다. 마찬가지로 경건한 하나님의 사람의 영향력도 매우 크다.

가끔 교회 안에서 이렇게 말하면서 교인들에게 부정적인 영향을 끼치는 장로들이 있다. "목사는 가난해야 힘든 교인의 심정을 이해하고, 대중교통을 이용하는 교인을 생각하면서 싼 차를 타야하고, 아무리 힘들고 어려워도 참고 웃어야 한다." 좋은 말이지만 목사의 아픔과 고충을 너무 모르는 말이다.

장로쯤 되면 목사의 고충을 알고 교인들에게 좋은 영향을 미쳐야 한다. 어느 목사가 허리 굽은 원로목사의 허리를 만지면서 말했단다.

"평생 하나님 앞에 허리 굽히고 성도들 앞에 허리를 굽히다 보니 이렇게 굳었군요!"

그 말을 들은 원로목사는 "그 말 정말 맞아!"라고 하더란다.

목사는 할 말을 다하지 못한다. 아파도 아프다고 말하지 못하고 힘들어도 힘들다고 표현하지 못한다. 교회 일에 아침저녁이 없다. 그리고도 큰소리칠 수 없는 것이 목사이다. 장로는 이런 목사의 심정을 알아주어야 한다.

인생에는 '해야 할 일'이 있는가 하면 '하지 말아야 할 일'도 있다. 우리가 걸어가야 할 길이 있는가 하면 걸어가지 말아야 할 길도 있다. 어리석은 사람은 하지 말아야 할 일을 하고 해야 할 일을 하지 않는다. 그래서 나중에 낭패를 본다.

영적인 삶에도 마찬가지다. 사도 바울은 그리스도 안에서 새롭게 거듭난 사람들이 '버려야 할 것'과 '해야 할 것'에 대해서 이렇게 말한다. "너희는 모든 악독과 노함과 분냄과 떠드는 것과 비방하는 것을 모든 악의와 함께 버리고 서로 친절하게 하며 불쌍히 여기며 서로 용서하기를 하나님이 그리스도 안에서 너희를 용서하심과 같이 하라"(엡 4:31-32). 버리라고 하는 것을 버리지 않으면 영적인 삶을 살아갈 수 없다. 해야 할 것을 추구하지 않으면 영적 파산에 이르게 된다.

그러면서 바울은 디모데에게 하나님의 사람이 걸어야 할 길에 대해서 권면한다. "오직 너 하나님의 사람아 이것들을 피하고 의와 경건과 믿음과 사랑과 인내와 온유를 따르며 믿음의 선한 싸움을 싸우라. 영생을 취하라. 이를 위하여 네가 부르심을 받았고 많은 증인 앞에서 선한 증언을 하였도다"(딤전 6:11-12).

목회자 디모데가 하나님의 사람으로 바른 길을 걸어가기 위해서는 '피할 것, 따를 것, 싸울 것, 취할 것'이 있다. 인생은 가지치기를 잘해야 한다. 불필요한 것, 거추장스러운 것, 악한 것은 아프고 힘들더라도 과감하게 잘라버려야 한다. 마찬가지로 하나님의 사람인 장로에게도 가지치기를 해야 할 일들이 있다. 이 장에서는 장로가 가지치기를 해야 할 일들에 대해서 생각해보자.

## 악한 청지기가 되어서는 안 된다

사무엘은 인생 말년에 죽음을 앞두고 백성들에게 이렇게 말한다. "보라. 나는 늙어 머리가 희어졌고 내 아들들도 너희와 함께 있느니라. 내가 어려서부터 오늘까지 너희 앞에 출입하였거니와 내가 여기 있나니 여호와 앞과 그의 기름 부음을 받은 자 앞에서 내게 대하여 증언하라. 내가 누구의 소를 빼앗았느냐. 누구의 나귀를 빼앗았느냐. 누구를 속였느냐. 누구를 압제하였느냐. 내 눈을 흐리게 하는 뇌물을 누구의 손에서 받았느냐. 그리하였으면 내가 그것을 너희에게 갚으리라"(삼상 12:2-3).

그러자 백성들은 한 목소리로 말한다. "당신이 우리를 속이지 아니하였고 압제하지 아니하였고 누구의 손에서든지 아무것도 빼앗은 것이 없나이다"(삼상 12:4). 이처럼 사무엘은 하나님과 백성들 앞에서 당당하고 떳떳했다.

흔히 "사람이 사람을 속이는 것이 아니라 돈이 사람을 속인다"고 말한다. 사실 돈 때문에 어쩔 수 없이 실수를 하고 거짓말을 하게 되는 경우가 있다. 그러나 너무 쉽사리 그렇게 변명만 늘어놓아서는 안 된다. 그럴듯한 변명을 둘러 붙일지라도 개인적인 차원에서는 이미 자신의 인격은 추락되었고 신뢰성을 잃었다. 교회적인 차원에서도 교회를 시험에 들게 만들고 하나님의 영광을 가리고 전도의 문을 막고 말았다.

비록 돈이 사람을 속이는 것이라 할지라도 그것을 선택하는 것은 본인 자신이다. 그러므로 장로는 재정을 관리함에 있어서 깨끗해야 하며 모든 교인에게 모범을 보여야 한다.

장로가 깨끗한 재정 관리를 위해서 기억해야 할 몇 가지 사실이 있다.

첫째, 돈 거래를 조심해야 한다. 교회 안에서 돈 거래를 하다가 사람을 잃고 돈도 잃는 경우를 허다하게 보았다. 구역이나 전도회에서 가깝다 보니 서로 편리를 위해 돈거래를 하다가 상처 입고 교회를 떠나게 되는 경우가 많다. 마찬가지로 이웃관계나 주변 사람들과의 관계에 있어서도 섣불리 보증을 서고 돈 거래를 했다가 낭패를 본다. 사업을 한다고 이 사람 저 사람에게 돈을 빌려 쓰고 부도 내고 도망가는 장로도 있다.

둘째, 정당하고 깨끗하게 벌어야 한다. 아무리 돈을 잘 벌 수 있어도 부정한 방법으로 돈을 번다면 멈추어야 한다. 하나님은 부정하게 번 성도의 돈을 써야 할 정도로 가난한 분이 아니시다. 교회 안에서 보험이나 다단계를 하면서 교인들에게 강매를 하게 만드는 것도 유익하지 못하다.

셋째, 돈을 잘 관리하는 선한 청지기가 되어야 한다. 지혜롭고 선한 청지기는 하나님이 주신 은사나 재능을 가지고 이익을 남길 줄 알아야 한다. 하나님이 주신 것을 게을러서 땅에 묻어두었다가 책망 받지 말아야 한다. 가진 것이 많다고 자랑할 것은 아니지만 가난한 것을 자랑할 것도 아니다. 장로는 앞장서서 일하는 자이기 때문에 함께 동역하는 자들에게 먹을 것을 사주거나 선물을 함으로 동기부여를 할 수 있어야 한다.

넷째, 하나님 앞에 드리는 삶에 모범이 되어야 한다. 십일조는 하나님이 "내 것"이라고 말씀하신다. "사람이 어찌 하나님의 것을 도둑질하겠느냐. 그러나 너희는 나의 것을 도둑질하고도 말하기를 우리가 어떻게 주의 것을 도둑질하였나이까 하는도다. 이는 곧 십일조와 봉헌물이라. 너희 곧 온 나라가 나의 것을 도둑질하였으므로 너희가 저주를 받았느니라"(말 3:8-9). 그렇기에 장로가 십일조를 도둑질해서는 안 된다. 하나님의 것을 도둑질하는 자를 장로로 세울 수는 없는 일이다. 장로는 십일조뿐만 아니라 교회에 내는 선교헌금, 장학헌금, 구제헌금, 감사헌금 등에 있어서도 다른 교인들에게 본을 보여야 한다.

다섯째, 선한 일에 부한 자가 되어야 한다. 장로는 하나님이 주신 물질을 하나님 나라를 위해 투자할 줄 알아야 한다. 선한 방법으로 많이 벌어서 좋은 일에 많이 투자할 수 있어야 한다. 장로가 너무 가난하다 보면 자기가 참여할 수 없기 때문에 교회가 헌금하는 일을 가로막게 된다.

여섯째, 교회 재정을 함부로 사용하지 말아야 한다. 어느 교회 장로는 교회 재정을 이용해서 은행 이자 놀이를 하는가 하면 증권에 투자해서 낭패를 보기도 한다. 교회 재정을 당회나 재정부의 허락 없이 다단계나 사채놀이에 이용해서는 결코 안 된다.


## 목회자의 마음을 아프게 하지 말라

사도 바울은 갈라디아교회 성도들에게 이렇게 말한다. "너희가 할 수만 있었더라면 너희의 눈이라도 빼어 나에게 주었으리라"(갈 4:15). 바울이 갈라디아 지역에서 복음을 전할 때 육체적인 약함을 가지고 있었다. 그것이 복음을 전하는 바울에게는 장애물이었다. 그런데 갈라디아 교인들은 그러한 바울을 비난하는 것이 아니라 하나님의 천사와 그리스도 예수와 같이 영접해주었다(갈 4:14). 그래서 바울은 그런 교인들을 잊을 수가 없었다.

그러나 이렇게 행복하게 목회를 하는 목회자가 몇이나 될까? 어느 원로목사님이 지나가다가 속이 시꺼멓게 썩은 고목나무를 보시고 "너는 목회도 안 했는데 왜 그렇게 속이 썩었냐?" 하고 물으셨단다. 누가 목회자의 아픈 마음을 알겠는가? 누가 목회자의 외로움과 고독을 느낄 수 있겠는가? 아무리 대들어도 싸울 수 없는 목사의 가슴은 시커멓게 멍이 들게 마련이다. 그래서 한 목회자는 이렇게 시를 썼다고 한다. "소쩍새야, 너는 목회도 안하면서 밤새우는구나. 고목나무야, 너는 목회도 안하면서 속이 다 썩었구나."

어느 날, 태국에서 코끼리 쇼가 열렸다. 많은 사람이 모여들어 재미있게 구경하고 있었다. 조련사가 얼마나 훈련을 잘 시켰는지 코끼리는 어떤 일에도 눈물을 흘리지 않았다. 조련사는 자신 있게 관중을 보며 말했다.

"코끼리를 눈물 흘리게 하는 사람에게 천 불을 주겠소."

그러나 누구 하나 선뜻 나서지 않았다. 시간이 한참 흘렀다. 교인들이 돈을 모아 태국여행을 보내 준 한국에서 온 어느 목사님이 나서서 말했다.

"내가 한번 해보겠소."

목사님은 코끼리에게 가까이 다가가서 귀에 대고 무엇인가 소곤거렸다. 그런데 잠시 후에 코끼리가 눈물을 줄줄 흘렸다. 깜짝 놀란 조련사가 물었다.

"도대체 무슨 말을 했기에 코끼리가 눈물을 흘리는 것이오?"

그러자 목사님이 말했다.

"개척교회 시절에 힘들고 어려웠던 이야기를 했을 뿐이오."

당황한 조련사가 이번에는 또 다른 제안을 했다.

"코끼리 앞발을 들게 할 수 있겠소?"

목사님은 다시 코끼리의 귀에 대고 무엇인가를 말했다. 그러자 코끼리는 앞발 뒷발을 다 들어버렸다. 당황한 조련사가 그 목사에게 물었다.

"도대체 무슨 말을 했기에 코끼리가 앞발, 뒷발을 다 드는 거요?"

그러자 목사님은 대답했다.

"코끼리야. 너, 나랑 같이 시골에 가서 개척교회 하지 않을래?"

벙어리 냉가슴 앓는 목사의 마음을 알고 있는가? 목사는 자녀가 대학에 붙었다고 너무 좋아하지 못한다. 교인 가운데 대학에 떨어진 자녀가 있기 때문이다. 목사는 자녀가 대학에 떨어졌다고 너무 슬퍼하지 못한다. 교인 가운데 자녀가 대학에 붙어서 기뻐 뛰어오는 교인이 있기 때문이다. 이러지도 저러지도 못하는 것이 목사의 심정이다.

좋은 장로는 목사의 설교를 비난해서 마음을 무겁고 아프게 하지 않는다. 오히려 설교자를 품고 밤낮으로 기도한다. 혹시 비난받을 만큼 목사가 어눌하다면 차라리 "설교를 은혜롭게 들을 수 있는 아름다운 마음을 저에게 주소서!"라고 기도하라.

어느 목사님은 이런 고백을 한다. "늘 공부해서 설교 준비를 했지만 싱겁다, 짜다, 맵다, 먹던 것 또 준다, 길다 짧다라고 불평입니다.

백 명 천 명의 입맛을 맞추기에는 너무 힘이 듭니다. 교인은 새 설교를 듣기 원합니다. 그런데 사실 새 설교는 없습니다. 저는 가끔 설교 원고 없이 강단에 올라갔다가 안절부절못하는 악몽을 꿀 때가 종종 있습니다.”

모든 목사가 옥한음 목사가 될 수 없고 이동원 목사처럼 설교할 수 없지 않는가? 만약 당신의 아내가 다른 남편과 비교하면서 더 잘하라고 하면 어떨까? 당신의 자녀가 “왜 아버지는 다른 아버지처럼 못하세요?”라고 한다면 어떨까? 만약 설교를 비판하고 싶거든 좋은 설교자가 될 수 있도록 책이나 세미나 등 교육을 통해 더 훈련받을 수 있도록 도와주라.

목사는 늘 무거운 짐을 지고 있다. 부흥하는 교회는 그 나름대로, 부흥이 안 되는 교회는 더더욱 그 어깨가 무겁다. 장로는 목사에게 손가락질하고 책임 추궁만 할 것이 아니라 목사가 힘들어하는 것이 무엇인지 한 번쯤 물어보아야 한다. 장로는 목사의 위로자가 되고 격려자가 되어야 한다. 자기 아픈 것만 말하지 말고 목사의 아픈 말도 한 번 들어보아야 한다.

교인들은 몰라도 장로는 목사의 아픈 마음을 알아주어야 한다. 목사는 마음에 있는 이야기를 그 누구와도 나눌 수 없는 외롭고 고독한 존재이다. 마음속에 있는 이야기를 그 누구와 다 나눌 수가 없다. 어느 목사는 자기 교회에 출석하는 고등학교 선배 집사와 속에 있는 이야기를 나누었다가, 결국 그 선배의 배신으로 교회에서 쫓겨나고 말았다. 속을 너무 보여주었기 때문이다.

좋은 장로는 목사에게 심리적 압박을 주지 않는다. 목사에게 가장 부담감을 주는 말이 무엇인지 아는가? "왜 교회가 부흥되지 않아? 왜 설교가 이래?"이다. 교회 부흥이 목사의 책임만은 아닌 줄 알면서도 심리적인 부담을 피할 수 없다. 설교로 모든 교인을 다 만족시키는 일이 불가능한 줄 알면서도 심리적으로 압박을 받는다. 목사의 기운을 가장 쉽게 뺏어가는 일이 무엇인지 아는가? 사모를 걸고넘어질 때이다. 사모가 행복하면 목사는 신이 난다. 그러나 사모가 불행하면 목사는 힘이 빠진다. 그래서 지혜로운 장로는 목사에게 선물해주지는 않아도 사모에게 선물을 챙겨준다. 그것이 목사를 더 신나게 만드는 일이기 때문이다.

은근히 다른 교회 목사를 이야기하면서 목사의 마음을 부담스럽게 만드는 장로도 있다. "어느 교회 목사님은…"이라고 하는데 부담스러운 말들이 쏟아져나온다. 만약 다른 교회 목사와 비교하려거든 그 교회나 장로가 그 목사에게 어떻게 예우하는지 먼저 살펴보면 어떨까? 그 교회처럼 목사의 생활비를 전적으로 책임져주고 있는가? 그 교회 장로처럼 목사에게 순종하고 섬기고 있는가? 아무리 좋은 목사로 보여도 그 목사에게도 많은 단점과 허물이 있음을 아는가? 아무리 비교를 당할지라도 그에게도 장점이 있음을 아는가? 단점을 보고 비교하며 책잡지 말고, 장점을 보고 자랑하며 인정해주어야 한다.

## 분쟁과 분리를 일삼지 말라

시편 기자는 "형제가 연합하여 동거함이 어찌 그리 선하고 아름다운고"(시 133:1)라고 형제의 연합과 동거의 아름다움을 노래한다. 이스라엘은 신앙공동체이다. 그들은 12개의 지파로 굳게 결속되어 있다. 아브라함의 언약에 기초한 이스라엘의 연합은 너무나 아름답다.

그것은 마치 머리부터 수염과 옷깃을 타고 흘러내리는 기름과도 같이 아름답다. 건조하고 메마른 중동지역에서 향기 나는 기름은 피부와 머리에 아주 좋다. 향기 나는 기름이 머리에서부터 수염을 타고 옷깃까지 흘러내린다는 것은 온몸을 기름으로 적시는 것을 의미한다. 그것은 마치 목욕 후 건조해진 피부를 촉촉하게 하기 위해 올리브유로 마사지하는 것과도 같다. 마치 헐몬산의 자욱한 이슬이 시온의 온 산에 내려 생명의 기운을 불어넣는 것과도 같이 아름답다.

그렇다고 이들의 연합이 항상 든든한 것은 아니었다. 하나님 백성의 공동체는 언제나 깨질 위기를 견디고 있었다. 그렇기에 이들은 언약을 꼭 붙잡아야 했다. 예배로 공동체의 결속력을 강화해야 했다.

교회란 어떤 곳인가? "유대인이나 헬라인이나 차별이 없음이라. 한 분이신 주께서 모든 사람의 주가 되사 그를 부르는 모든 사람에게 부요하시도다"(롬 10:12). 유대인은 이방인을 바라볼 때 개처럼 부정한 존재로 여겨서 서로 교제도 나누지 않고 함께 식사도 하지 않았다. 유대인의 관점에서 이방인은 벌레 같은 존재이자 쓰레기 같은 존재였다. 그러나 바울은 유대인이나 헬라인이나 차별이 없다고 파격적으로 선언한다.

우리는 같은 성령의 지배를 받고 살아간다. 한 분이신 예수님을 주인으로 모시고 있다. 우리는 한 하나님을 아버지로 모시고 살아가는 형제자매이다. 그래서 바울은 "형제를 사랑하여 서로 우애하고 존경하기를 서로 먼저 하며"(롬 12:10)라고 부탁한다.

교회는 해야 할 사역이 많다. 하나님의 비전을 이루기 위해서는 뭉쳐진 힘이 필요하다. 어떤 공동체든지 간에 사분오열된 에너지로는 자멸할 수밖에 없다. 진취적이고 강력한 공동체는 협력하는 힘을 가지고 있다. 그 에너지로 사탄의 방해공작을 넘어 성장과 부흥의 길목으로 들어설 수 있다.

목사와 장로는 서로에게 상승작용을 만들어줄 수 있어야 한다. 복음과 그리스도의 몸 된 교회를 세우기 위해 격려하고 서로 세워 줌으로써 보다 나은 공동체의 하나 됨을 이루어야 한다. 그런데 서로 헐뜯거나 하고 서로 다투고 싸워서 공동체를 파괴한다면 그 직분이 무슨 소용 있겠는가? 차라리 직분을 받지 않는 편이 훨씬 낫다.

오늘날 많은 교회가 사분오열되어 한 몸인 교회를 갈기갈기 찢어 놓는다. 명분은 좋고 정당해보인다. 교회를 허물고 찢어놓으면서도 늘 "나는 교회를 위한다"라고 말한다. 서로 다투고 싸우는 사람들을 보라. 어느 누가 "내가 잘못해서"라고 말하는가? 자기는 옳고 정의롭다고 말한다. 자기는 진리를 위해 싸운다고 믿고 있다.

그러나 주변 사람들은 결코 그들이 "주님을 위해 싸운다"라고 말하지 않는다. 교회를 위해 그렇게 한다고 하지만 정작 자신의 권력을 유지하고 명예를 지키기 위함이 아닌가? 많은 장로가 "내 마음에 안 들어서" 교회에 분열을 조장한다. 자기주장과 고집을 꺾지 않기 때문에 다툼이 일어난다. 어느 장로는 자기감정을 주체하지 못해서 멱살을 잡고 다투기도 한다. 과연 주님의 교회를 위하는 일이라 할 수 있겠는가?

교회 안에서 분쟁과 분열을 일삼는 자들을 보라. 고상한 명목을 둘러댈지라도 사실은 교회를 휘두르고 싶은 욕망의 노예가 되어서 그렇다. 사람들이 나에게 굽실거리는 것을 즐긴다. 자기 말 한마디에 사람들이 일사분란하게 움직이기를 원한다. 자기가 대단한 존재인 것을 사람들에게 과시하기를 원한다.

교회 안에서 자신을 과시하려는 교인들을 보면 자존감이 낮은 경우가 많다. 세상에서 인정받고 존경받는 교인들은 구태여 교회 안에서 자신을 과시하려고 들지 않는다. 오히려 겸손하게 고개를 숙인다.

우리 교회에는 사업을 크게 하시는 장로님이 계신다. 미국과 인도에 지사를 두고 정신없이 바쁘게 움직이신다. 〈극동방송〉에서 중책을 맡아서 김장환 목사님의 사역을 돕기도 하신다. 많은 교회를 다니면서 교회의 생리를 경험하고 다양한 목회 현장을 돌아보시는 분이다. 보고 들은 것이 많을 것이다.

그런데 아직까지 교회 안에서 큰소리치는 것을 본 적이 없다. 늘 겸손하게 고개 숙여 인사하신다. 자기주장도 높이지 않는다. 목사의 말에 "아니오"라고 문제를 제기하는 것도 보지 못했다. 그렇다고 목사가 다 옳다고 판단하기 때문만은 아니다. 그 장로님이 그만큼 겸손하고 목사와 장로의 관계를 잘 알고 있기 때문이다.

교회 안에서 큰소리치고 권력을 휘두르는 장로를 보면 오히려 세상에서 인정받지 못하는 것을 교회 안에서 보상받으려고 한다. 교회에서라도 자기 힘을 과시하기를 원한다. 이런 사람은 교회 안에서나 노회에서 교권 싸움을 즐긴다.

사실 개신교회는 어느 한 사람이 모든 권력과 권위를 쥐고 있지 않다. 무슨 일이 생기면 정기적으로 열리는 당회나 노회, 총회를 통해서 해결한다. 이 회들은 모두 매우 민주적이다. 그러나 현실적으로는 어느 누가 교회를 이끌어갈 것인가를 둘러싸고 많은 대립과 갈등이 있었던 것을 부인할 수 없다. 어쩌면 분열의 역사 속에서 교회는 자라왔다.

그러나 분쟁과 분리를 일삼는 자들은 예수님이 하신 말씀을 잊지 말아야 한다. "또 만일 나라가 스스로 분쟁하면 그 나라가 설 수 없고 만일 집이 스스로 분쟁하면 그 집이 설 수 없고 만일 사탄이 자기를 거슬러 일어나 분쟁하면 설 수 없고 망하느니라"(막 3:24-26). 분쟁하고 다투는 집이나 회사나 교회는 모두 망하게 되어 있다.

그래서 사도 바울은 "만일 서로 물고 먹으면 피차 멸망할까 조심하라"(갈 5:15)고 경고한다. 교회를 망하게 하려면 하이에나처럼 서로 물고 뜯으면 된다. 그러면 공동체는 이내 무너지고 만다. 기억할 사실이 있다. 그리스도의 몸인 교회를 무너지게 만드는 자는 사탄의 종노릇을 하고 있다는 사실이다.

장로는 자기 신념에 대한 지나친 확신을 조심해야 한다. "나는 진리를 위해 싸우고 있다"고 확신하는 장로들 가운데 부끄러운 일도 서슴지 않고 저지르는 장로도 있다. 이념전쟁도 무섭다. 그러나 종교전쟁은 더 무섭다. 순교정신을 가지고 있기 때문에 아무것도 두려워하지 않는다. 오히려 영광스럽게 생각하기 때문에 더 떳떳하고 용감하다. 이슬람 교도들은 '지하드'라는 성전을 영광스럽게 생각해서 스스로 죽음의 불꽃 가운데로 작열하게 들어간다. 그러나 이러한 잘못된 순교정신으로 지구촌이 얼마나 아파하는가!

장로도 이러한 '고상한 포장'에 스스로 속아서 교회 안에 자기 패를 만들고 서로 눈길도 주지 않고 싸울 수 있다. 사탄은 우리 안에 시기하고 비난하는 악한 영을 불어넣는다. 그렇기에 장로는 기도를 게을리하지 말아야 한다. 깨어 있지 않으면 자칫 시험에 들 수 있기 때문이다. 장로는 마땅히 분쟁의 불씨를 붙이는 자가 아니라 분열된 관계를 묶을 수 있는 피스메이커가 되어야 한다. 분쟁과 분열은 하나님의 영광을 도적질하는 사악한 일이다.

## 교인들보다 뒤처지지 말라

예수님은 온유하고 인자하신 분이다. 용서할 수 없는 사람을 용납하고 용서하시는 분이다. 그렇다고 화를 내지 않는 분은 아니시다. 예수님 역시 인간이 가진 감정을 가지신 100% 인간이시다.

어느 날, 한 바리새인의 점심식사 초청으로 그의 집에 들어가서 식사를 하게 되었다. 유대인들은 식사를 하기 전에 먼저 손을 씻는다. 그런데 예수님은 그렇게 하지 않으셨다. 예수님을 초청한 바리새인은 그러한 예수님의 모습을 이해할 수가 없었다. 그렇게 시작된 대화는 한 율법사와의 논쟁으로 치닫게 되었다.

그러자 예수님이 바리새인들의 잘못된 신앙을 질책하셨다. "화 있을진저 너희 율법교사여 너희가 지식의 열쇠를 가져가서 너희도 들어가지 않고 또 들어가고자 하는 자도 막았느니라"(눅 11:52).

율법사들은 하나님의 율법에 대해서 가장 앞장서서 연구하는 사람들이다. 하나님의 말씀에 대해서는 박식하다. 그런데 불행한 사실은 그들이 하나님과 그의 말씀에 대한 해박한 지식을 갖고 있으면서도 하나님의 말씀대로 살지 않았다는 점이다. 오히려 천국에 들어가야 할 사람들이 천국으로 들어가지 못하도록 가로막고 있었던 것이다. 그래서 예수님은 그들을 향해 분노하셨다.

어느 교회는 당회실이 아예 없다. 평소에는 회의실로 사용하다가 당회가 있는 날만 당회 장소로 사용한다. 왜 그런가? 끼리끼리 모이는 현상 때문이다. 장로는 장로들끼리, 권사는 권사들끼리, 안수집사는 안수집사들끼리 모인다. 끼리끼리 모이는 교회가 부흥될 리 없다. 교회는 개방적이어야 하고 포용적이어야 한다.

요새 많이 만드는 교회 카페가 바로 이러한 역할을 한다. 카페에는 다양한 계층의 교인들이 함께 모인다. 세대를 통합하는 장소이고 부서를 초월하는 장소이다. 각자 부서실로 들어가면 보지도 못할 교인들을 교회 카페에서 만나서 인사를 나누게 된다. 장로나 권사들이 청년들을 알게 되고 젊은이들이 연세 드신 어른들을 뵙게 된다. 그래서 성령 안에서 아름다운 교제를 나눌 수 있는 공간이다.

이런 공간에서는 텃세가 있을 수 없다. 열린 공간이기 때문에 부서실에서 은밀하게 만드는 부정적인 말들도 사라진다. 사실 당회실, 권사회실, 남녀전도회실에서 오가는 말들을 보라. 다른 사람들을 비판하고 정죄하는 말들이 난무하다. 설교를 비판하고 다른 사람들의 험담을 늘어놓는다. 결국 교회는 상처로 얼룩질 수밖에 없다. 그러나 열린 공간인 카페에서는 건강한 말들만 오갈 수밖에 없다.

장로는 모름지기 기도생활에 모범이 되어야 한다. 어느 교회 장로님은 늘 젊은 목사보다 일찍 새벽기도회를 나와 기도하신다. 행여 목사님이 장로님에게 미안한 마음을 가질까 봐 어느 날 새벽기도를 마치고 장로님은 목사님에게 이런 말씀을 드렸다.

"목사님, 젊은 분들은 교회 일이다 심방하는 일이다 많이 피곤하여 잠이 늘 모자라니 푹 주무시고 예배시간 직전에 나오십시오. 늙은 제가 목사님과 교인들을 위해 기도하겠습니다. 그래서 목사님을 도와드리기 위해 기도노트를 만들어 기도하고 있지 않습니까?"

새벽기도를 하는 장로 가운데 어쩌다가 목사가 새벽기도를 빠지면 "목사가 기도도 하지 않고 잠만 잔다"고 비난하는 경우가 많다. 그런데 이 교회 장로님은 그렇지 않았다. 젊은 목사를 배려하는 장로님의 마음이 너무 고마웠다. 어디 그뿐인가? 장로님이 솔선수범해서 새벽기도회를 참석하시고, 교인들에게 "새벽기도 나오라"고

독려하기 때문에 많은 교인이 새벽기도회를 사모하게 되었다. 그래서 목사님은 장로님에게 이렇게 말했다.

"장로님이 온 교인들에게 새벽기도를 강조하시고, 배후에서 기도하시므로 그때 주일 낮 예배, 저녁 예배, 새벽 기도회가 거의 같은 예배 인원이었던 것은 친히 장로님이 모범을 보이시면서 강조하신 일이었기 때문입니다."

장로는 공중 앞에서 대표로 기도할 기회가 많다. 주일 낮 예배에서 대표기도를 할 때 시간을 잘 조절해야 한다. 어떤 장로는 창세기에서부터 요한계시록까지 세계 일주를 하다시피 기도하는 경우도 있다. 10분을 넘기기까지 한다. 3~5분 정도의 시간 안에 기도하되 기도 내용을 잘 정리해서 할 필요가 있다. 장로는 대표기도를 하기 위해 한 주간 자신의 삶을 돌아보고 많은 기도로 준비해야 한다. 다른 주일에는 새벽기도를 하지 못할지라도 그 주일에는 새벽기도에 참여해야 한다.

때때로 장례예식에서 장로가 기도할 때 설교자가 조마조마한 경우가 있다. 장례예식에서 기도할 때는 단어도 엄선해서 사용해야 하고, 그 유족들의 가족사항이나 마음을 잘 헤아려서 기도해야 한다. 특히 불신자가 죽었을 때는 더 조심해서 기도해야 한다. 그렇지 않으면 상을 당한 가정에 큰 시험을 줄 수 있다.

일반심방이나 대심방을 할 때 기도에 유의해야 한다. 심방예배는 아주 짧게 드려진다. 그런데 어떤 경우에는 대표기도가 10분을 넘긴다. 심방설교도 짧듯이 심방기도는 아주 짧아야 한다. 심방을 하다 보면 기도에 대한 선한 욕심이 생긴다. 그래서 온 가족을 위한 축복 기도를 하다 보면 자연히 시간이 길어질 수밖에 없다.

그런데 기억해야 할 사실이 있다. 대심방에서는 교인들이 목사의 축복기도를 받기 원한다. 대표 기도자가 기도를 한 후에 목사가 설교하고 또다시 축복기도를 한다. 그런데 문제는 앞에서 이미 대표 기도자가 온 가족의 이름을 불러가면서 축복기도를 해주었기 때문에 반복하게 된다. 그래서 어떤 때는 "앞에서 드린 기도대로 이루어 주실 줄 믿습니다"라고 하면서 기도를 마무리하고 싶은 때도 있다. 심방기도는 예배와 목사의 설교를 위해서 기도하면 된다. 가족들에 대한 축복기도는 목사가 하도록 하는 것이 바람직하다.

장로는 십일조를 드리는 데 앞장 서야 한다. 만약 장로가 십일조를 드리지 않게 되면 교인들도 십일조를 드리지 않는 분위기로 가게 된다. 십일조를 드리다가도 장로가 안 드리는 것을 알게 되면 "장로님도 안 드리는데 우리 같은 집사가 꼭 드려야 하나?"라고 하면서 십일조 생활을 하지 않게 된다. 구약시대에도 백성들이 십일조를 드리지 않음으로 제사장들이 자기 직을 버리고 밥벌이를 하러 떠나는 경우가 있었다. 십일조는 개인적인 신앙생활 이상의 의미를 갖고 있다. 십일조는 교회 재정의 큰 몫을 감당한다. 직분자들이 온전한 십일조만 드린다고 해도 교회 재정은 어렵지 않게 된다.

때때로 장로가 헌금을 하지 않기 위해 당회에서 헌금할 기회를 반대하는 경우가 있다. 건축을 해야 할 형편인데 본인이 건축헌금을 드릴 마음이 없으니까 아예 건축 자체를 반대한다. 교회에서 선한 일을 위해 목적헌금을 하려고 하는데 장로가 헌금을 하기 싫으니까 당회에서 반대하기도 한다. 교인들이 하나님 앞에 드림으로써 복받을 기회를 장로가 빼앗아서는 안 된다.

　장로는 예배생활에 있어서도 솔선수범해야 한다. 예배도 드리지 않으면서 교회 안에서 큰소리치려는 장로가 있다. 장로가 예배를 드리지 않으면 교인들은 자연스럽게 예배를 드리지 않아도 아무렇지 않은 것처럼 생각한다. 장로가 예배를 잘 드리게 되면 중직자들이 다 따라오게 될 뿐만 아니라 교인들도 그렇게 습관화된다. 특별 새벽기도를 해도 장로가 나오지 않는데 누가 참석하겠는가? 예배시간에 장로가 말씀에 은혜를 받아야 한다. 장로석에 앉아서 하품이나 하고 졸기나 하면 덕이 되지 않는다. 때때로 이미 예배를 시작했는데 늦게 예배에 들어오는 때가 있다. 평신도에게도 있어서는 안 될 일이거니와 더욱이 장로가 그렇게 하면 예배 분위기를 다 흐려놓게 된다.

　장로는 봉사를 함에 있어서도 다른 교인들보다 더 많이 솔선수범해야 한다. 어디 그뿐인가? 섬기는 태도에 있어서도 교인들에게 본이 되어야 한다. 비록 교인들은 불평하면서 섬길지라도 장로는 그렇게 해서는 안 된다. 일반 교인은 자기 짐을 제대로 감당하지 못해서 다른 사람들에게 피해를 주는 일이 있을지라도 장로는 자기 짐을 짊어질 뿐만 아니라 다른 사람들의 짐까지 짊어질 수 있어야 한다. ■

## 교회를 세우는 행복한 권사
권사는 하나님 교회의 어머니이자 행복 전도사이다
김병태 지음 | 변형신국판 | 값 12,000원

## 교회를 세우는 행복한 집사
행복한 집사는 하나님 교회의 기둥이자 뼈대이다
김병태 지음 | 변형신국판 | 값 12,000원

## 섬김과 순종으로 세워가는 행복한 교회
행복한 교회는 나보다 우리를 생각하는 섬김에서 시작된다
김병태 지음 | 변형신국판 | 값 12,000원

## 평생 은혜 절대 감사
성도의 감사는 상대적이 아니라 절대적이어야 한다
김병태 지음 | 변형신국판 | 값 14,000원

## 습관을 바꾸면 죄를 이긴다
한걸음 더 성숙한 신앙을 위한 습관 길들이기
김병태 지음 | 변형신국판 | 값 12,000원

## 가치 혁명
진정한 성공을 이룬 상위 1% 사람들의 핵심가치
김원태 지음 | 변형신국판 | 값 10,000원

## 모든 교인은 교회의 리더다
건강한 교회를 세우기 위한 제직 양육 교과서
김원태 지음 | 변형신국판 | 값 12,000원

## 예수가 나의 주인이시다
예수님을 주인으로 모시면 그 안에 답이 있다
김원태 지음 | 변형신국판 | 값 15,000원

이 책에서 지적한 것처럼 한국교회의 현실은 장로란 직분에 대한 바른 이해가 절실히 필요하다. 교회가 건강하지 못한 이유는 결국 장로의 직분에 대한 이해가 부족한 데서 기인하는 경우가 많기 때문이다. 하지만 이런 상황에도 장로란 직분에 대해서 이해를 도울 수 있는 책이 매우 부족한 형편이다. 바로 이런 점에서 이 책은 한국교회에 큰 도움을 줄 수 있을 것이라 생각한다. 직분을 맡은 장로분들이 꼭 한 번은 읽어야 할 책이다.
정일웅 _ 총신대학교 총장

이 책은 장로들에게 금반지의 다이아몬드 같은 실천지침서다. 신학자로서, 그리고 한 교회를 목회하는 목양자로서 직분자를 바라보는 관점을 아주 쉽고도 심도 있게 설명하고 있다. 하나님이 기뻐하시는 착하고 충성된 일꾼, 교회를 세우는 행복한 리더가 되기를 소망하는 모든 장로분께 꼭 권하고 싶은 책이다.
장영일 _ 장로회신학대학교 총장

교회와 크리스천의 이미지가 실추되고 있는 즈음에 이론과 실천의 조화를 이룬 직분론에 대한 책이 나와서 기쁘다. 이 책은 견실한 신학적 기초 위에 목회현장의 다양한 경험을 토대로 쓰인 책이다. 그렇기에 모든 장로와 목회자들에게 많은 도움을 주리라 확신한다. 착하고 충성된 종이라 칭찬받는 행복한 리더가 되기를 원하는 장로들과 이러한 일꾼을 세우기를 원하는 목회자들에게 권하고 싶은 귀중한 책이다.
김의원 _ 백석대학교 부총장

이 책은 건강한 교회를 이루기 위한 탁월한 장로지침서이다. 임직을 앞두신 분이나 초보 직분자들에게 이 책은 필독서가 되어야 한다. 또 이미 임직을 받으신 분들은 바른 직분자의 정체성을 수립하기 위하여 반드시 이 책을 읽고 더욱 훌륭한 직분자가 되어야 한다. 이 책을 통해 한국교회 장로분들이 바른 지침을 얻어 하나님의 교회를 건강한 교회로 이끌기를 소망한다.
전요섭 _ 성결대학교 교수, 전 한국복음주의 실천신학회장

이 책은 장로, 목사뿐만 아니라 모든 리더가 반드시 읽어야 할 필독서라 생각한다. 직분에 대한 책이라 재미없을 것이라는 선입견을 가지고 책을 읽기 시작했다. 하지만 지루하지 않고 오히려 재미까지 더해져 책을 읽는 내내 눈을 뗄 수가 없었다. 목사인 제 자신이 이 책을 읽으며 리더의 삶에 큰 도전을 받았고, 리더가 되길 원하는 모든 장로분께도 큰 유익이 될 것이라는 확신이 들어 기쁜 마음으로 추천한다.
전광 _ 베스트셀러 〈평생감사〉의 저자

값 12,000원

ISBN 979-11-90308-27-4

교회의 리더이자 피스메이커인 행복한 장로는
자신을 온전히 경영하는 지혜와 기술이 필요하다.
대접받기보다는 먼저 교인들을 섬기며
하나님께 순종하고 헌신하는 나로 만들 때
목회자와 동역하는 행복한 리더가 될 수 있다.